Claudia Berghaus

Easy Tricks

CLAUDIA BERGHAUS

Easy Tricks

Wie Sie eigene rhetorische Besonderheiten erkennen, Ihre Ausstrahlung richtig einschätzen und einen natürlichen Redestil finden.

GOLDEGG
VERLAG

Rechte Umschlaggestaltung: Alexandra Schepelmann/donaugrafik.at
Rechte Autorenfoto: Tabea Marten/fotografa
Rechte Grafiken im Kern: Günter Berghaus
Lektorat: Annerose Sieck

Der Verlag und seine Autoren sind für Reaktionen, Hinweise oder Meinungen dankbar. Bitte wenden Sie sich diesbezüglich an verlag@goldegg-verlag.com.

Der Goldegg Verlag achtet bei seinen Büchern und Magazinen auf nachhaltiges Produzieren. Goldegg Bücher sind umweltfreundlich produziert und orientieren sich in Materialien, Herstellungsorten, Arbeitsbedingungen und Produktionsformen an den Bedürfnissen von Gesellschaft und Umwelt.

ISBN: 978-3-99060-306-2

© 2022 Goldegg Verlag GmbH
Unter den Linden 21 • D-10117 Berlin
Telefon: +49 800 505 43 76-0

Goldegg Verlag GmbH, Österreich
Mommsengasse 4/2 • A-1040 Wien
Telefon: +43 1 505 43 76-0

E-Mail: office@goldegg-verlag.com
www.goldegg-verlag.com

Layout, Satz und Herstellung: Goldegg Verlag GmbH, Wien
Printed in the EU

»*Nicht weil es schwer ist, wagen wir es nicht,
sondern weil wir es nicht wagen, ist es schwer.*«
(SENECA)

Inhaltsverzeichnis

Sprechen ist so einfach ...

Doch warum fällt Sprechen in manchen Lebenssituationen so unnötig schwer?

»Jetzt muss ich gleich nach vorn und dich vorstellen. Ich fühle mich bei sowas Offiziellem immer so ungeschützt und albern«, klagt Hans, während seine Körperspannung den oberen Brustraum voll in Besitz nimmt. Er starrt mich hilfesuchend an und wirkt auf mich wie ein Blitzkondensator, der kurz vor der Entladung steht. Wir sitzen in einem Restaurant in Norddeutschland, bei einem Stammtisch von Geschäftsleuten. Die letzten Teller werden gerade von den Tischen geräumt, und eine erwartungsvolle Unruhe erfüllt den großen Saal, der mich an Familienfeste erinnert. »Das kriegst du easy hin. Sei froh, dass du hier die Ansagen machen darfst!«, beruhige ich ihn.

Hans ist der neu gewählte Verbandschef und dies seine erste Veranstaltung, zu der er mich – eine Freundin aus Jugendzeiten – mit meinem Buch *Dirty Tricks* als offiziellen Programmpunkt – eingeladen hat. Während wir vor ein paar Minuten noch locker über das köstliche Essen geplaudert haben, wirkt Hans mit einem Mal abwesend, wie ferngesteuert und blockiert. Solche Veranstaltungen sind nicht sein Tagesgeschäft. Normalerweise arbeitet er als Hausarzt und redet über Themen, in denen er sich auskennt. Nun ist er als Moderator gefordert – und offensichtlich überfordert. Ich flüstere ihm ins Ohr: »Trink kurz was. Schultern runter. Ausatmen und genießen.« Meine »Befehle« werden befolgt und er startet mit dem offiziellen Teil des Abends und kündigt eine Lesung mit seiner Schulfreundin an, die inzwischen als Kommunikationstrainerin und Autorin in Berlin lebt und die er für diesen Abend als Gast gewinnen konnte. Es gelingt ihm charmant. Dass er hin- und herschwankt beim Reden, fällt vermutlich nur mir als Unsicherheit auf, insgesamt wirkt er authentisch und überzeugend. Die Stammtisch-Veranstaltung wird ein Erfolg und sein Engagement gelobt. »Deine einfachen Tipps, die du mir eingeflüstert hast, waren unglaublich hilfreich. Willst du nicht noch ein Buch über solche Tricks rund ums Sprechen schreiben?«, fragt mich Hans, als der Abend sich dem Ende zuneigt und ich endlich sein *Dirty-Tricks*-Buch signiert habe. Gar keine schlechte Idee, denke ich und überlege schon einen passenden Titel. Hans blickt aufs Buchcover und schlägt vor: »Wie wäre es mit *Easy Tricks*? Mach es doch wie Stephen King, der hat auch Reihentitel gewählt. Du musst unbedingt mehr über das, was du täglich erlebst und vermittelst, aufschreiben!«

Dieser motivierende Zuspruch von Hans auf einer meiner Lesungen aus *Dirty Tricks – wie Sie unfaire rhetorische Tricks durchschauen, verbale Angriffe abwehren und schlagfertig reagieren* war der Startschuss für mein zweites Buch, das Lösungsformeln für einen bewussten Redestil liefert.

Als Kommunikationstrainerin treffe ich täglich in Seminaren und Einzelcoachings auf verhinderte Sprachtalente, die sich von Besserwissern einschüchtern lassen und extrem unzufrieden mit sich sind. Sie suchen in Workshops mit professionellem Kamerafeedback nach Antworten zu ihrer Körperpräsenz, Stimme und Sprache sowie effektive Tipps, um klarer denken zu können, Redeinhalte souverän zu erinnern und im richtigen Moment auch parat zu haben. Oft werden bereits zu Seminarbeginn in der Vorstellungsrunde Wünsche – wie beispielsweise trotz erhöhtem Puls und Herzrasen eine ausdrucksstarke Stimme zu haben – an mich herangetragen, die am Ende nur jede Person für sich selbst erfüllen kann, wenn sie ohne antrainierte »Einheitsrhetorik« nach Hause gehen möchte.

In diesem Ratgeber finden Sie Denkanstöße und leicht umsetzbare Tricks, um beim Sprechen souverän zu wirken, weil Sie es sind, die spricht – mit Ihrer ganz eigenen Körpersprache, Präsenz, Stimme und Wortwahl. Es geht darum, wie Sie Ihre rhetorischen Qualitäten entspannt einsetzen und Ihre Stärken und Schwächen besser und vor allem bewusster nutzen. Es spielt dabei keine Rolle, ob Sie sich vor einer Gruppe im beruflichen oder privaten Kontext präsentieren oder einfach nur beim Vereins-, Elternabend oder auf der Behörde das Wort ergreifen. Wer sich für eine verbesserte Rhetorik interessiert und bei mir Rat sucht, wünscht sich, *die eigene Ausstrahlung zu verbessern, Lampenfieberängste abzubauen, die rhetorische Performance zu professionalisieren, nachhaltiger zu argumentieren und selbstbewusster zu sprechen.*

Das funktioniert effektiv, wenn die Bereitschaft besteht, genau zu analysieren, welche persönlichen Trigger es sind, die zum Beispiel Aufregung, plötzliche Gedächtnisschwäche, Konzentrationsprobleme, Verlegenheitsgesten oder Ähnliches hervorrufen. Oft sind derartige Zustände selbst gemacht und haben mit unserer gefilterten Wahrnehmung zu tun. Je logisch einfacher wir uns klarmachen, worum es beim Kommunizieren geht, desto leichter werden wir feststellen, dass viel von dem, was so schwer ist, nur durch unser Zutun überhaupt existiert. Wir nehmen eine Situation, einen Inhalt oder eine Person (auch uns selbst) immer nur selektiv wahr. Das ist auch gut so und ein Selbstschutz. Niemand kann die Welt als allmächtige Wirklichkeit wahrnehmen. Wir nehmen immer nur ein Konstrukt der Wirklichkeit um uns herum in Augenschein. Das hängt mit ganz unterschiedlichen Umständen zusammen, die uns geprägt haben: Kulturelle Einflüsse, Erfahrungen, Sozialisation, Gesundheit, Stimme, Alter, Werte, Hierarchien, Aussehen, Projektionen usw. Wir alle leben in selbst gemachten Konstrukten. Paul Watzlawick schreibt darüber in seinem Buch »Wie wirklich ist die Wirklichkeit?«: »Der antike griechische Philosoph Platon hat in seinem berühmten Höhlengleichnis ausführlich über Projektionen, die auf die Wirklichkeit gelegt werden, berichtet. Dieses Gleichnis aus der antiken Philosophie beschreibt, wie Menschen in einem Höhlenschacht als Gefangene leben. Sie sind gefesselt, sodass sie immer nur auf die Höhlenwand blicken können und die Schatten, die sie dort sehen, als die Wirklichkeit wahrnehmen. Sie können aufgrund der Fesseln ihre Köpfe nicht drehen, sodass sie die hinter ihnen befindliche Existenz der Außenwirklichkeit nicht sehen. Das Einzige, was sie je zu Gesicht bekommen, ist die Wand, der sie zugedreht sind, und die Silhouetten auf der Höhlenwand werden für sie zur wahrhaftigen, nur projizierten Wirklichkeit.

Ob wir es wahrhaben wollen oder nicht, jedes äußere Ereignis erzeugt ein ganz eigenes inneres Erleben. Wir interpretieren ständig die Ereignisse, die um uns herum stattfinden und reagieren entsprechend, ohne groß zu hinterfragen, ob das eigene Verhalten, auf die äußeren Umstände bezogen, überhaupt angemessen ist. Im Hinblick auf Kommunikation sind Wahrnehmungsfilter abhängig von der *Situation*, dem *Thema* und der *Person*. Wer diese drei Größen gut einschätzen kann, und wer sich mit den eigenen Wahrnehmungsfiltern beschäftigt, kann selbstbewusster agieren, die Sprechsituation klarer erleben und stolpert nicht mehr so leicht über die eigenen Konstrukte hinsichtlich Situation, Inhalt oder Person. Ein freieres Erleben der »vorhandenen Wirklichkeit« wird möglich und damit ein präsenteres Auftreten. Es geht darum zu erkennen, was es heißt, sich selbst in den vorhandenen persönlichen Stärken und Schwächen wertzuschätzen und daraus die eigenen und hoffentlich richtigen Konsequenzen für das kommunikative Verhalten zu ziehen.

Jedes Kapitel im vorliegenden Buch ist nah an den Menschen und ihren Problemen mit dem eigenen Sprech- und Auftrittsstil erzählt. Selbstverständlich habe ich alle Namen der Personen anonymisiert, und beim Schreiben sind die Geschichten zu einem neuen Ganzen geworden. Ich hoffe, dass Sie sich in diesen Beschreibungen wiederfinden und für sich die Easy Tricks mitnehmen können, die zu Ihnen passen. Niemand muss sich neu erfinden oder Vorbildern nacheifern. Es reicht, sich die Mühe zu machen, sich selbst zu sehen, zu hören und zu spüren und so zu erkennen, welche rhetorischen Veränderungen nötig sind, um einfach und besser zu kommunizieren. Am Ende jedes Kapitels finden Sie Easy-Trick-Formeln, die Sie für die nächste sprecherische Herausforderung nutzen können. Unter den Formeln finden Sie Platz für Ihre persönlichen Notizen. Schreiben Sie sich eigene »Befehle«, Kürzel rein, die zu Ihnen passen und schnell abrufbar sind. Es geht darum, dass Sie immer easy sprechen können und entspannt bleiben, egal was Körper oder Kopf gerade machen.

Mir ist es in meinen Seminaren und Büchern wichtig, Menschen Mut zu machen, sich beim Kommunizieren mehr zuzutrauen und mehr zu wagen, denn reden lernt man bekanntlich nur durch Reden. Die eigene Einschätzung ist dafür wichtig, und wer mit sich selbst im Reinen ist, kann sich jeder Situation stellen und wird es nicht peinlich finden, auch mal wortlos zu sein oder sich um Kopf und Kragen zu reden. Wenn Sie sprechen, dann haben Sie etwas zu sagen, das wichtig ist und Ihr Gegenüber angeht.

Ich nehme Sie auf den folgenden Seiten mit in eine Welt, in der Menschen sich mit ihrer Rhetorik, Ausstrahlung, Sprachkompetenz beschäftigen und nach Wegen suchen, um bessere und für sie passende Ausdrucksweisen zu finden und mit dem »Wie« und »Was« sie sagen, zu überzeugen. Es ist überhaupt nicht nötig, sich zu verbiegen. Viel besser ist es, die eigenen Mankos zu akzeptieren und nicht zu selbstkritisch an die ganze Angelegenheit heranzugehen. Akzeptanz

statt Ignoranz! Wer es beherrscht, den Moment zu genießen –
auch wenn gerade mal wieder alles nicht nach Plan läuft –,
lebt intensiv, spricht bewusster und wirkt authentisch.

Ein Einstiegsslogan für die vielen *Easy Tricks* könnte
lauten: »Erkenne und schätze dich und deine Rhetorik richtig ein, dann wirst du deinen authentischen Redestil finden,
im Moment sein beim Sprechen und es genießen!« Als Kinder konnten wir im Augenblick leben und mit unbeschwer-
ter Leichtigkeit und Ehrlichkeit durchs Leben gehen. Dieser unbedarfte Zustand geht uns als Erwachsene weitestge-
hend verloren. Egal ob wir selbst Kinder haben oder nicht,
wer selbstbewusst und unvoreingenommen durch das Leben
gehen will, sollte sich an Kindern ein Beispiel nehmen. Wieder in Verbindung mit der eigenen kindlichen Intuition zu
kommen, hat manche Künstler lebenslang begleitet. Der
weltberühmte spanische Maler Pablo Picasso formulierte es,
bezogen auf seine kreative Seele, so: »Ich habe mein gan-
zes Leben gebraucht, um wieder zeichnen zu lernen wie ein
Kind.« Unverstellt und wahr das eigene Kind in sich wiederfinden, das hat Picasso zu einem Meister seines Faches gemacht und Perfektion und gewöhnliche ästhetische Aspekte
in den Hintergrund gestellt. Das eigene Kind in sich wiederzufinden, ist ein einfacher Weg, um sich selbst wiederzuent-
decken und authentisch zu leben und zu wirken. Die Sicht
auf die Dinge durch Kinderaugen, ohne sich dadurch klein-
zumachen. Wir reden von klein auf mehr oder weniger, wie
uns der Schnabel gewachsen ist. Viel von dieser Leichtigkeit,
dem Selbstvertrauen, der Sorglosigkeit beim Formulieren
und der Neugierde auf neue Entdeckungen gehen verloren.
Wir entwachsen diesem bewertungsfreien Sein und müssen
uns in der Schule, später dann in der Ausbildung und bei
der Arbeit behaupten. Und plötzlich wird das Reden vor und
mit anderen zum Problem. Kinder trauen sich in ihrer Un-
schuld Dinge zu, die Erwachsene längst nicht mehr tun würden. Doch warum eigentlich nicht?

14

Nutzen wir das Kind in uns, um einen einzigartigen Redestil zu finden und wieder bei uns selbst anzukommen. Erkennen und akzeptieren Sie, dass Sie schon früher gern in epischer Breite vom zuletzt gesehenen Kinofilm erzählt haben. Oder dass Sie jemand sind, dem man schon immer alles aus der Nase ziehen musste. Vielleicht gehören Sie auch zu den Sprechern, die gedanklich springen und das schon immer gemacht haben und ihnen das jetzt als Abteilungsleiter oder Chefin Schwierigkeiten bereitet, weil klare, druckreife Anweisungen erwartet werden. Es gibt auch Menschen, die bei der Bestellung im Restaurant stets Extrawünsche haben und aus einer einfachen Speisekarte ein kompliziertes Extramenü erschaffen oder ähnliche Macken an den Tag legen. Vieles davon läuft unbewusst ab und fällt eher den Freunden oder Kollegen auf. Wir leben mit uns ja immerhin schon ein Leben lang, und da gewöhnt man sich an sich. Doch es kann helfen, für einen Moment innezuhalten und sich auf das eigene Sprechverhalten zu besinnen. Sich auf sich selbst und das eigene Geheimnis der eventuell noch vorhandenen kindlichen Leichtigkeit einzulassen und so den Erwachsenenalltag unbeschwert und neu zu entdecken.

1. Erzähle ich lieber oder höre ich lieber zu?
2. War ich früher eine selbstbewusste Rampensau und stehe heute schüchtern in der zweiten Reihe?
3. Wieso fallen mir Gespräche in Behörden so schwer und schnüren mir jedes Mal die Kehle zu?
4. Wie werde ich wahrgenommen, und was nehme ich an mir bewusst wahr?
5. Wieso fällt es mir schwerer, vor Menschen zu reden, die mir fremd sind?
6. Warum fühlt sich alles in ungewohnter Umgebung peinlich und zum Wegrennen an?

Dieses Buch hält für Sie leicht anwendbare Tipps bereit, die dafür sorgen, dass Sie sich beim Reden besser fühlen. Jedes der zehn Easy-Trick-Kapitel fokussiert einen anderen Bereich der Rhetorik. Die Palette an Themenfeldern, die Aufschluss darüber geben können, wie wir nonverbal und verbal auftreten und wirken, ist groß.

Verunsicherungen beim Reden können entstehen, wenn eine souveräne Selbsteinschätzung fehlt, unerwartete Umstände die sprachlichen und körperlichen Kompetenzen mindern, weil Aufregung und Stress stören. Von Anfang an mit klarer, sicherer Wortwahl und Haltung aufzutreten, ist Trainingssache. Der griechische Universalgelehrte Aristoteles hat sich intensiv mit einer Vielzahl von Fragen zur Rhetorik beschäftigt. Seine sehr weise Feststellung: »Der Anfang ist die Hälfte vom Ganzen« bezieht sich auf die Redekunst und die Wirkung, die eine Rednerin beim Start in eine Sprechsituation bedenken sollte. Wenn der Anfang gut läuft, strahlt das positiv auf die gesamte Kommunikation. Damit der Beginn beim Reden locker und entspannt gelingt, braucht es für viele Menschen eine innere Stärkung und ein paar Easy Tricks. Mit einfachem Handwerkszeug gelingt es sicher und erfolgreich, ab der ersten Sekunde zu begeistern und Brücken zum Gegenüber zu schlagen. Jeder Mensch ist ein Einzelkunstwerk, das zu betrachten sich lohnt. Es ist wichtig, sich ab und zu abzugrenzen vom Außen und sich mit sich selbst zu be-sprechen beziehungsweise sich darüber klar zu werden, was für eine innere Haltung man vertritt und wie man es schaffen kann, sich als Person souverän sichtbar und hörbar zu machen.

Am besten bewaffnen Sie sich mit einem Textmarker und lesen diesen Ratgeber als Impulsgeber für Ihre persönliche Ausstrahlung und Ihren Redestil. Ohne Inspiration zu sprechen, ist oft langweilig. Wer echt wirkt, strahlt das gewisse Etwas von Innen aus, ohne alles von sich preisgeben zu müssen. Das Durchschauen von kognitiven und emotionalen Prozessen beim Sprechen hilft dabei, sich selbst besser zu verstehen. Mit ein paar Easy Tricks können Sie Ihre Mankos akzeptieren und trotz Herzklopfen oder zitternden Händen gut gerüstet und selbstbewusst weitersprechen. Das benötigt Zeit und gelingt nicht von heute auf morgen, doch wer sich selbst erkennt und liebevoll akzeptiert, wird auch von anderen wertschätzend angenommen. Also übersehen Sie sich nicht länger, nehmen Sie sich ernst und positionieren Sie sich. Streichen Sie sich in diesem Ratgeber die Easy Tricks an, die Ihnen helfen können, trotz sprachlicher Probleme oder Aufregungszuständen zu sprechen.

Lassen Sie sich nicht mehr von Lampenfieber und ungewohnten Situationen überwältigen, nutzen Sie passende Einstiegstypen und Worte, die für die Ohren der Zuhörer ein Genuss sind. Nehmen Sie es sich vor, von Anfang an ein selbstbewusstes Wohlgefühl zu signalisieren und positiv an alles heranzugehen. So gelingt der Spagat zum Gegenüber, und Sie sprechen frei von selbstbewertenden Zwischengedanken. Im Idealfall ziehen Sie die anderen so in den Bann, dass niemand Sie als Vermittler der Inhalte in Frage stellt. Oft sind wir viel zu selbstkritisch und perfektionistisch in unserer Denke. Wir schaffen uns eine Redesituation, an der wir scheitern müssen. Das selbst gesteckte Ziel ist so hoch und liegt wie ein Schleier über uns, aus dem wir uns nicht befreien können. Spontanes Reagieren scheint unmöglich zu sein. Das Schicksal nimmt seinen Lauf, und alles, was passiert, schnürt den Prozess des Unausweichlichen weiter zu. Wie eine Gefangene, die nicht mehr Herrin oder Herr ihrer/seiner Stimme und Körperpräsenz ist, warten wir auf den Scharfrichter, der sein Urteil und hoffentlich nicht noch mehr fällt.

Diesem Szenario müssen Sie sich nicht fügen, nutzen Sie ein paar der hier zusammengestellten Tricks für mehr Gelassenheit, Sicherheit und Selbstbewusstsein beim Sprechen. Ich freue mich, wenn die aus meinem Seminaralltag gesammelten Erlebnisse Sie bestärken, eigene Stärken und Schwächen beim Sprechen zu erkennen. Mit der richtigen

Selbsteinschätzung und den dazu passenden Tipps verbessern Sie erfolgreich ihre Ausdrucksweise und bestehen mit stärkenden Glaubenssätzen und leicht zu erinnernden Anweisungen Sprechsituationen im Alltagsgeschehen und der Berufswelt. Bekanntlich ist man selbst der schärfste Kritiker oder die strengste Kritikerin und hat den Eindruck, alles vermasselt zu haben, während alle anderen fanden, dass es ein »good job« war. Erinnern Sie sich an schiefgelaufene Situationen und seien Sie vor allen Dingen ehrlich zu sich. Wir alle haben unsere Eitelkeiten, schlechte Tagesform usw., doch jammern hilft nicht, genauso wenig wie sich mit vorgeschobenen Rechtfertigungen zufriedenzugeben.

Die Lust am Ausprobieren sowie das Sammeln von Erkenntnissen über die eigenen Verhaltensweisen und Gewohnheiten sind der Schlüssel zum glücklichen Sprechakt. Wer über sich selbst zum Beispiel sagen kann: »Ich bin eitel und zermartere mir beim Sprechen die ganze Zeit den Kopf darüber, wie die anderen mich wohl finden ...«, hat eine wertvolle Selbsteinschätzung formuliert. Darauf kann Selbstvertrauen aufbauen, und ein neues Programmieren der eigenen Gedanken und der inneren Haltung zur eigenen Person kann klarer werden. Wer sich selbst beim Sprechen ständig hinterfragt, steht sich im Weg, und das spüren die Gesprächspartner und nutzen es im schlimmsten Fall aus. Wer damit aufhört, einem Bild von sich entsprechen zu wollen, das für die anderen passt, aber nicht für einen selbst, hat schon viel erreicht und verstanden. Auf Selbstvertrauen kommt es an, denn wie wir denken und fühlen, so wirken wir. Mit einem bewussten Körpereinsatz und den richtigen Gedanken im Kopf fällt das Reden vor und mit Menschen kinderleicht. Ich wünsche Ihnen viel Spaß mit den Easy Tricks! ... und nicht vergessen: Sprechen ist einfach!

Easy Trick 1

Wer bin ich, wenn ich spreche? Selbst- und Fremdbild bewusst machen

»Das kann doch gar nicht sein, dass ich so aussehe. Wie ein kleines Mädchen, das direkt von der Schule kommt und sich jetzt einbildet, als Führungskraft Karriere machen zu müssen«, kommentiert eine Seminarteilnehmerin, was sie soeben von sich auf der Videoaufzeichnung gesehen und gehört hat. Da passt für sie nichts zusammen. Entsetzt realisiert Mareike, warum die Firmenleitung sie zu diesem Rhetoriktraining geschickt hat.

Ständig hat sie gespiegelt bekommen, wie großartig ihre Fachkompetenz sei und sie für die neue Position ganz eindeutig die beste Expertise habe. Ab nächsten Monat stehen Präsentationen in Meetings und auf Großveranstaltungen an. Da können ein paar Tipps zum Auftreten und ein Medientraining nicht schaden. Vor mir sitzt eine fremdbildgeplagte Frau, die kein gutes Haar an der Videoaufnahme von sich lässt. »Was würden Sie sich von der Frau im Video denn wünschen?«, frage ich. »Das sie endlich auf den Punkt kommt und aufhört, ständig so rumzuhampeln. Das wirkt ja sowas von nicht souverän.« Für mich sind das zunächst mal Informationen, die ich unkommentiert stehen lasse. Es gibt leider kein Patentrezept für Körperlichkeit. Offensichtlich ist dem Körper dieser Person langweilig, oder er ist aufgeregt und befindet sich im Fluchtmodus. Vor einer Kamera zu stehen und etwas zu präsentieren, bringt meist unbewusste Gefühlsregungen mit sich, die irgendwo hinmöchten. »Kennen Sie das an sich, dass sie sowas machen?«»Nein, natürlich nicht, deshalb war das Anschauen der Aufnahme kaum zum Aushalten. Ich habe das überhaupt nicht bemerkt, wie zappelig ich bin und das ganz anders empfunden. Komisch.«

Offensichtlich liegen hier Unstimmigkeiten zwischen dem Selbst- und Fremdbild vor. Diese zu benennen und in konkretem Selbstfeedback zu beschreiben, ist sehr hilfreich. So erkennen wir, welche Körperprozesse unbewusst stattfinden und wie diese auf uns wirken. Die Frau, die mir sichtlich verunsichert gegenübersitzt und von mir einen Lösungsvorschlag erwartet, wundert sich darüber, dass ich sie plötzlich frage, ob sie gern tanzt? Volltreffer! Sie ist leidenschaftliche Standardtänzerin, und ihr Körper möchte sich offensichtlich aus der Situation vor der Kamera tanzen. Wir suchen gemeinsam nach einem Ventil für den Bewegungsdrang ihres Körpers, denn unbewusst ausgeführte Schrittmuster wirken in Präsentationssituationen unsicher. Ich schlage vor, dass sie sich bewusst auf drei Punkte in ihrem Bewegungsradius konzentriert, auf die sie sich in Redepausen zubewegt und dann dort mit festem Stand erneut stehenbleibt, bevor sie weiterspricht. Ein wichtiger Hinweis: niemals Schritte vom Publikum weg – also nach hinten gehen, das kann wie eine Flucht wirken. Eine kleine seitliche Bewegung nach vorn auf das Publikum zu wirkt dagegen ansprechend und sicher. Es muss gar keine große räumliche Veränderung sein, oft reicht ein kleiner bewusster Schritt aufs Publikum zu. Es gibt dozierende Redner, die während eines Vortrages permanent von links nach rechts laufen. Solche unsteten Bewegungen lenken häufig von den inhaltlichen Ausführungen ab. Wenn eine Person im Publikum nur darauf wartet, dass der Redner oder die Rednerin endlich stolpert, ist im wahrsten Sinne des Wortes etwas falsch gelaufen.

Ich empfehle fokussierte Bewegung im Raum zu trainieren und dadurch gleichzeitig die Möglichkeit zu nutzen, für das Publikum den Vortrag zu gliedern. Immer wenn es Gedankenpausen gibt und somit ein inhaltlicher Abschnitt beendet ist, kommt der »Pausen-Schritt« in Richtung Publikum (nicht nach hinten gehen!). Damit uns das in der Situation auch einfällt und bewusst ist, hier die *Easy-Trick-Schritt-Formel*:

- Redestopp + Pausenschritt (nach vorne links)
- Kurzer Blickkontakt, dann nächsten Inhaltsblock sprechen
- Redestopp + Pausenschritt (nach vorne rechts)
- Kurzer Blickkontakt, dann nächsten Inhaltsblock sprechen
- Redestopp + Pausenschritt (zurück zur Mitte) usw.

Es besteht natürlich kein Bewegungszwang während des Redens. Viele Menschen sprechen im Stehen auf einer festen Position und benötigen keine Schritte, um ihre Inhalte zu vermitteln. Damit diese Standposition souverän wirkt, obwohl Sie mit innerer Unruhe und Aufregung zu kämpfen haben, nutzen Sie die »*B – B – B Formel*«. Das erste B erinnert Sie daran, breit zu stehen. Stellen Sie sich etwas breiter auf, als Sie stehen würden, wenn Sie sich vom Sitzen in die Standposition stellen. Es ist eine kleine Bewegung der Füße. Sie müssen das Gefühl haben, etwas breiter zu stehen, als Sie es normalerweise tun. Das zweite B erinnert uns an eine präsente, souveräne Ausrichtung des Oberkörpers. Wir stellen uns mitten auf der Brust liegend – also dort, wo ein Kettenanhänger hängen würde – eine große Brosche oder ein Abzeichen vor, die bzw. das wir jedem Menschen im Raum zeigen möchten. So machen Sie automatisch Ihren Oberkörper weit und die Schultern fallen nach hinten. Das dritte B der Standformel erinnert uns an den Blick auf Augenhöhe für eine klare souveräne Haltung, mit der Sie signalisieren, dass Sie ansprechbar sind und alles im Griff haben.

Viele Seminarteilnehmer stören sich an ihrer Gestik beziehungsweise suchen nach Lösungen, wohin sie mit ihren Händen können. Zunächst einmal ist wichtig zu akzeptieren, dass jeder Mensch seine Gestik hat und nicht macht. Wer herausfinden will, wie die eigene authentische Gestik aussieht, die auch auf andere natürlich und sicher wirkt, sollte das vor dem Spiegel üben. Wie sieht meine Gestik aus, wenn ich in Einklang mit mir und meinen Extremitäten bin? Bevor wir das tun, ist Ehrlichkeit und das eigene Erkennen dessen, was Sie mit den Händen aus Gewohnheit, Verlegenheit oder überhaupt tun, wichtig.

Hier ein paar sprachbegleitende Hand- bzw. Armhaltungen, die auf andere störend wirken können und häufig unbewusst geschehen:

● *Pose 1:* beide Hände auf Hüfthöhe in die Seite gestemmt > wirkt matronig
● *Pose 2:* beide Arme hinter dem Rücken verstecken > wirkt verschlossen
● *Pose 3:* verschränkte Arme vor dem Brustkorb mit hochgezogenen Schultern > wirkt distanziert und unvorteilhaft beim Sprechen (Zuhörpose)
● *Pose 4:* schützender Klammergriff vor dem unteren Bauch, bei dem eine Hand das Handgelenk der anderen Hand fasst > wirkt wie eine Schutzpose
● *Pose 5:* beide Hände vor dem unteren Bauch (Fußballerpose) > wirkt ablenkend

Mit derartig festen, spannungsgeladenen Gesten vermitteln die Arm- bzw. Handhaltungen einer Sprecherin das Bedürfnis nach Schutzraum und setzen eine distanzierende Schranke. Auch wirken verschränkte und versteckte Körperteile beim Kommunizieren auf andere oft unsicher, unklar und irgendwie nicht stimmig. Es fehlt ein wichtiges nonverbales Mittel –, nämlich das Gestikulieren als sprachbegleitende, unterstreichende Handlung, die ein wertvoller Vermittler in der Kommunikation sein kann. Gelegentlich verschwindet beim Sprechen auch mal eine Hand in die Hosentasche. Je nach Situation kann das eine passende Gestik sein. Stecken Sie in öffentlichen Kontexten beim Sprechen bitte auf keinen Fall beide Hände gleichzeitig in die Hosentaschen. Und achten Sie auch darauf, was sich alles bereits in der Hosentasche befindet. Bei Männern sammeln sich dort gern Utensilien, die Frauen in ihren Handtaschen unterbringen. Ein gutes Hosentaschen-Beispiel ist der deutsche Grünenpolitiker Jürgen Trittin. Bei Interviews befindet sich, wenn er spricht, meist eine Hand in der Hosentasche, und die andere agiert sprachbegleitend. Er ist ein großer Mann, seine Hosentaschen sitzen lässig an der Seite und Trittins Gestik passt sehr gut zu seinem Redestil. Dieser Redner weiß, was er mit seiner Hand tut oder eben auch nicht tut. Ob er sich nun tiefgründiger mit den Inhalten seiner Hosentaschen beschäftigt hat, weiß ich nicht. Doch wer vor Kameras steht, hat sicher den einen oder anderen Gedanken an sein Selbst- und besonders das Fremdbild verschwendet, um mit dieser Gestik sicher und bewusst in der Öffentlichkeit zu agieren und überzeugend aufzutreten. Solange Sie eine offene, selbstsichere Art signalisieren und sich der Positionierung und Haltung Ihrer Körperteile bewusst sind, wirken Sie authentisch und sind für Ihr Gegenüber ein überlegt agierender Sprecher oder argierende Sprecherin.

Übung: Wohin mit den Händen?

☑ Um das herauszufinden, machen wir jetzt gemeinsam eine Übung, für die Sie nur sich selbst und einen körpergroßen Spiegel benötigen. Es geht los, wenn Sie so weit sind:

☑ Bitte stellen Sie sich mit schulterbreitem Stand vor den Spiegel. Nehmen Sie sich den Platz, den Ihr Körper für einen stabilen Stand braucht. Wenn Sie sicher stehen, senken Sie die Schultern bewusst noch mal um zwei Zentimeter ab. Sie stehen ganz entspannt und sind tief im Boden verwurzelt.

☑ Jetzt winkeln Sie die Arme in einer 90-Grad-Position an, sodass diese in einer »Pfötchenhaltung« locker in Taillenhöhe vor Ihnen schweben. Vergewissern Sie sich, dass diese Arm- und Händehaltung locker aussieht und Ihre Schultern nach wie vor entspannt sind.

☑ Probieren Sie ausgehend von dieser Position aus, in welcher Armhöhe Sie entspannt gestikulieren könnten. Wann verkrampfen sich die Schultern? Wie ist Ihre Wohlfühlhaltung? Ist es für Sie angenehm, aus einer hüftigen Cowboy-Colt-Taschenhöhe heraus zu gestikulieren, oder passt es mittig besser? Wirken Sie natürlich frisch, wenn Sie auf Brusthöhe zu gestikulieren beginnen? Wichtig ist – egal welche Höhe Sie gewählt haben –, dass es gut zu Ihnen passt und entspannt wirkt. Wenn Sie mit Ihrer Positionierung der Arme zufrieden sind, können Sie das als Ihre »Parkposition« bzw. gestische Grundhaltung abspeichern.

Zu wissen, wo Sie mit den Händen bleiben, wenn diese nichts tun, ist eine wichtige Erkenntnis. Denn schneller als wir denken, verselbstständigen sich die Hände und fassen ins Gesicht, streichen durch die Haare, kratzen am Bein oder Ähnliches.

Solche Übersprunghandlungen der Hände möchten Sie sicher in Zukunft vermeiden. Damit das gelingt, empfehle ich die *Easy-Trick-Formel H-H-H.* Die drei Hs stehen für die drei Körperteile: *Hals – Hände – Hüfte.*

Mithilfe der Formel tricksen Sie Ihr Unterbewusstsein aus. Sie stellen sich einfach vor, dass auf Halshöhe (1. H) und auf Hüfthöhe (3. H) jeweils eine rote Linie verläuft, die nicht über- oder unterschritten werden darf. Sobald das dennoch passiert, ist Ihnen das hundertprozentig bewusst. Das

H in der Mitte steht für die Hände. Diese sollen sich am besten nur in dem Bereich zwischen Hals und Hüfte frei bewegen, ohne Kontrollinstanzen. Es kommt eher selten vor, dass wir uns unbewusst im Brustbereich kratzen. Meist kommt es zu Verlegenheitsgesten oberhalb der Halslinie, wie zum Beispiel eine Haarsträhne aus dem Gesicht zu nehmen, sich die Nase kratzen. Wenn wir uns mithilfe der roten Linie bewusst sind, dass wir soeben mit unseren Händen den »erlaubten« Bereich zwischen Hals und Hüfte verlassen haben, wirkt ein bewusst ausgeführtes Kratzen an der Nase nicht wie eine unkontrollierte Übersprunghandlung. Das Gleiche gilt für den »Verlegenheitsbereich« unterhalb der Hüftlinie. Es gibt Menschen, die klatschen sich aufgrund von Anfangsaufregung in den ersten Sekunden eines Redebeitrages unkontrolliert auf den Oberschenkel und wissen anschließend nicht mehr, dass ihre Hand das gemacht hat. Ein Beweis dafür, dass es sich um ein unbewusstes und nicht gesteuertes Verhalten handelt. Es gibt auch das Phänomen bei Stress und Redeanspannung, unbewusst unterhalb der Hüfte an den Anzugssaum oder den Rocksaum zu fassen. Das wirkt ebenfalls unvorteilhaft, wenn es unkontrolliert passiert. Solche Gesten verhindern souveräne Präsenz, denn sie werfen die Frage auf: Warum macht die Person diese Geste? Das passt doch jetzt gar nicht. Achten Sie darauf, dass Sie keine ablenkenden Gesten machen. Das haben Sie gar nicht nötig. Durch das bewusste, wertfreie Erkennen der eigenen Körperhandlungen beim Sprechen und mit Easy Tricks wie der II-H-H-Formel verschwinden unnötige Verlegenheitsgesten wie von Zauberhand. Das Großartige an dieser kleinen Formel ist, dass Sie sich in der nächsten Redesituation sofort umsetzen lässt und dazu führt, dass Sie insgesamt bewusster auftreten und wirken. Sie können Ihr persönliches Gestik-Repertoire zielführender steuern und lassen unbemerkte Nebenhandlungen nicht mehr zu.

Nonverbale Stärken erkennen

Der Abgleich zwischen Selbst- und Fremdbild ist wichtig, um überhaupt zu erkennen, welche nonverbalen Stärken vorhanden sind. Viele Menschen schauen intensiv und selbstkritisch auf ihre Schwächen und bemerken oft gar nicht, welches Potenzial in ihnen steckt. So auch der arbeitssuchende Vertriebsmitarbeiter Ingo, der sich beim Rhetoriktraining als schüchtern und unsicher in Gesprächen vorstellt. Er schließt beim Sprechen zu Beginn mehrfach die Augen und fingert an einem Kugelschreiber herum. Seine Stimme ist leise, und der Sprechfluss wird durch häufiges Räuspern unterbrochen. Doch die kurze Unsicherheit löst sich schnell auf, und Ingo blickt interessiert in die Kamera. Kurz vor Ende seines Wortbeitrags schaut er klar und präsent zur Seminargruppe und lächelt frei in die Runde. Leider schenkt uns Ingo diesen eindringlichen, einzigartigen Blick erst gegen Ende des Redebeitrags.

In der Feedbackrunde herrscht Einigkeit darüber, dass seine absolute Stärke dieser Blickkontakt ist, und zwar garniert mit einer charmant zuckenden Augenbraue. Leider setzt er dieses Alleinstellungsmerkmal nur sehr sparsam ein, aber daran lässt sich arbeiten. Ingo ist positiv überrascht vom Feedback und findet es angenehm, sich auf Video zu sehen. Dass er das mit der Augenbraue macht, wusste er noch gar nicht. Er findet es richtig gut, dass er so ungezwungen wirkt, obwohl er innerlich Druck auf der Stimme spürt. Sprechen vor anderen hat für ihn etwas Erzwungenes, er steht lieber als Beobachter am Rand. Dieser Blick auf die anderen ist allen so positiv aufgefallen, dass die nicht ganz so perfekten Handlungen (am Kugelschreiber fingern, Stimme am Anfang leise) in Vergessenheit geraten sind. Ingos USP (unique selling proposition) – also ein Merkmal, dass ihn unter Tausenden hervorhebt (Alleinstellungsmerkmal) – ist seine »unterstreichende Augenbraue« und sein klarer Beobachterblick. Diese rhetorischen, nonverbalen Signale sollte er unbedingt bewusst bei seinem Redestil einsetzen, um trotz innerer Unstimmigkeit souverän zu wirken. Ingo wäre diese Stärke und Einzigartigkeit niemals an sich aufgefallen, und bisher hat ihn auch niemand darauf hingewiesen, wie stark er auch ohne viele Worte überzeugt.

Viele Menschen sind sich nicht im Klaren darüber, dass sich beim Sprechen vieles über den Blick formuliert. Der Blickkontakt zu Gesprächspartnern oder zum Publikum gestaltet sich anders, wenn wir unsere »Blickmuster« besser einschätzen und bewusst nutzen, wenn sie – wie im Fall von Ingo – so herausstechend positiv wirken. Der Literat Franz Grillparzer hat einmal gesagt: »Kann der Blick nicht überzeugen, dann überredet die Lippe nicht.« Dieses Zitat wird zum neuen Leitspruch des Vertriebsmitarbeiters. Er nimmt sich vor, mutig und klar und vor allem bewusst seinen Blickkontakt einzusetzen und dies auch als Redepause zu nutzen, was wertvoll ist, damit Ingo sich kurz sammeln kann und sein innerer Druck auf die Stimme verschwindet. Seine Augen sprechen, mehr nicht.

Es gibt Sprecher, deren Redestil ist kurz und prägnant, und viel wird ungesagt über nonverbale Gesten und Blicke betont. So erhält das, was gesagt wird, mehr Gewicht und es muss nicht alles über Worte transportiert werden. Erkennen und zulassen, was am besten funktioniert. Dem Vertriebsmitarbeiter nimmt dieses Feedback einen Haufen Druck aus seiner Sprechweise, und er gibt sich den rhetorischen Tipp, seinen überzeugenden Blickkontakt mehr zu nutzen und nicht alles über Worte ausdrücken zu wollen. Das entspannt und vereinfacht für ihn das Sprechen. Er erzählt, dass er von Kindesbeinen an nie große Reden geschwungen hat oder gern den Schulunterricht mit ausführlichen Wortbeiträgen gefüllt hat. Er war schon immer der Beobachter, der wenn er wirklich gefragt war, auch kurz und knapp richtig geantwortet hat. Ingo bleibt sich also selbst treu und hat einen für ihn entspannten, einfachen Redestil gefunden.

Dieses Beispiel zeigt, dass es für manche Menschen hilfreich sein kann, den Blick zu überprüfen, den sie in Sprechsituationen haben. Über den Blick und die gesamte Mimik strahlen wir unsere inneren Emotionen und Prozesse nach außen. Testen Sie mithilfe einer kurzen Videoaufnahme (dafür reicht ein Handy), wie Sie beim Sprechen blicken und ob sich in Ihrem Gesicht das widerspiegelt, was Sie rüberbringen möchten.

Es kann sein, dass Sie sich innerlich sicher fühlen, aber mit unruhig springenden Augen sprechen und das noch nie realisiert haben. Sie fragen sich schon seit einiger Zeit, warum Menschen Ihnen Ihre gut recherchierten und präsentierten Inhalte nicht abnehmen. Das kann an einer unsicheren, sprunghaften Blickführung liegen. Signalisieren Mimik und Blickkontakt ein unklares Bild von einer Person, wirkt das Gesagte auf andere schlecht vorbereitet und unglaubwürdig. Auch wenn das gar nicht so ist, nehmen andere Sie nicht als souveränen und geübten Sprecher wahr. Im schlimmsten Fall blicken Ihre unruhigen Augen dann auch noch in mitleidige oder verwirrte Gesichter. Wer solche bewertenden Signale von anderen beim eigenen Sprechen aufnimmt, wird möglicherweise noch unruhiger blicken oder dem gespiegelten Blick der anderen durch Wegsehen ausweichen. Dieser Selbstschutzmechanismus ist nicht die beste Lösung. Sie verstärkt leider oft zusätzlich die Fokussierung auf die eigene innere Gefühlswelt. Das Trainieren eines bewussten, sicheren Blickes in die Welt und ein Standhalten vor den äußeren Gegebenheiten wirkt im ersten Augenblick schwer. Es ist aber der einfachere Weg als wegzusehen, denn so verliert man nicht den Bezug zur Situation. Mehr zu fokussierter Blickführung in Stresssituationen erfahren Sie in Kapitel 7.

Im Gesicht beziehungsweise der Mimik und besonders im Blick spiegeln wir unsere Gedanken nach außen. Innere Prozesse werden sichtbar. Wenn ich es also schaffe, neutral zu schauen, ohne mir viele persönliche Gedanken zu machen, halte ich den Präsentationsmodus aufrecht und bin nicht persönlich gemeint. Das angemessen einschätzen zu können, gelingt Menschen leichter, die mit klarem Selbst- und Fremdbild in eine Situation gehen. Und die vor allem ihren eigenen Blick in der Videoaufnahme gesehen haben und abgleichen konnten, was sie in dem Moment gedacht haben und wie unterschiedlich das rüberkommt.

Schon bei der nächsten Übung im Kurs probiert der Vertriebsmitarbeiter den Easy Trick aus. Bevor er mit seiner Spontanrede loslegt, blickt er ins Publikum und zeigt seine Stärke – den einzigartigen Blick zum Gegenüber. Seine stahlblauen Augen lächeln ins Publikum, dann trinkt er einen Schluck Wasser und fängt an. Er berichtet später beim Feedback, dass es ihm zum ersten Mal möglich war, die Außensituation mitzuerleben. Der Blickkontakt hat ihm dabei geholfen, etwas mehr aus sich herauszukommen. Der Hinweis auf seine charmante Augenbraue, die ihm vorher noch nie aufgefallen war, hat ihn motiviert, dieses nonverbale Signal in Trinkpausen bewusst einzubauen. Das wirkt selbstsicher, und es entsteht der Eindruck, dass dort ein Mensch spricht, der sein Gegenüber beachtet und gleichzeitig achtsam mit sich selbst umgeht. Durch den gezielten Einsatz von Mimik und Blickkontakt gelingt es meinem Teilnehmer, einen für seine Rhetorik passenden, einzigartigen Redestil auszuprobieren, und am Ende des Kurses bringt es ihm sogar ansatzweise Spaß. Er weiß jetzt, dass er durch seine Augenbraue sympathische »Charmeoffensiven« auslösen kann und seine stahlblauen Augen seine Äußerungen überzeugend unterstreichen.

Wohin mit dem Resting Bitch Face?

Eine Selbstreflexion über das eigene körperliche Verhalten liefert eine akzeptable rhetorische Basisanalyse, mit deren

Hilfe Sie für sich klären können, warum das bei Ihnen so ist. Jeder Mensch geht mit der Wahrnehmung der eigenen Verhaltensweisen anders um. Oft kennt man sich ganz anders im eigenen Tun, als sich das nach außen hin vermittelt. Deshalb ist es so wichtig, wertneutral zu beobachten und wahrzunehmen, was unser Körper in Redesituationen tut und wie dadurch das Gesagte auf andere und auch auf mich selbst wirkt.

Erst nach der Phase der Reflektion beziehungsweise Basisanalyse der eigenen rhetorischen Oberfläche folgt die Phase der bewussten Wahrnehmung des eigenen Handelns, und danach ist eine Entscheidung für die klar gesteuerte Veränderung der Signale möglich. Ich kann nur bewusst und vor allem aktiv ändern, wenn ich genau benennen und erspüren kann, was mich ausmacht und was zu mir passt. Es gibt viele Menschen, die sehen gar nicht das Potenzial, das in ihnen steckt, wie wir am Beispiel des Vertriebsmitarbeiters gesehen haben.

Anders fühlt es sich an, wenn man merkt, dass eine vermeintlich freundlich gemeinte Mimik als genervt-gelangweilter Gesichtsausdruck wahrgenommen wird. Eine Coachingkundin von mir leidet unter einem »Resting Bitch Face«, das sie mithilfe von Videofeedback loswerden möchte. Sie erzählt davon, wie machtlos sie ist, was ihre Mimik anbetrifft. Sie hat ein unwohles Gefühl dabei, als geringschätzend und andere missachtend wahrgenommen zu werden. »So ein Mensch bin ich überhaupt nicht. Kürzlich hat eine Kollegin zu mir gesagt, dass ich wie Kirsten Stewart gucke.« Die US-amerikanische Filmschauspielerin gilt als Paradebeispiel für einen genervt-gelangweilten Gesichtsausdruck, ein sogenanntes Resting Bitch Face.

Vor der Kamera stellen wir Redesituationen aus dem Berufsalltag der Kundin dar. Sie hat ein schmales Gesicht, trägt eine runde Brille mit dezenter, brauner Rahmung und hat ihre langen aschblonden Haare zu einem Zopf gebunden. Bei der Analyse der Videoaufnahmen fällt sofort auf, dass die Augen leicht blinzeln und die Muskulatur um die Augen herum angespannt wirkt. Außerdem zieht sie eine Seite der Lippe herunter und zeigt gelegentlich leicht hochgezogene Lippen, die sich aber nicht zu einem Lächeln formen. Dieser spezielle Gesichtsausdruck ist charakteristisch für das Resting Bitch Face.

Was passiert nun in solchen Momenten innerlich bei meiner Kundin? »Wenn ich das tue, versuche ich freundlich zu gucken und möglichst neutral zu wirken. Das sieht aber so aus, als würde mein Gesicht eine subtile, unbewusste Botschaft mit negativen Gefühlen senden. Dabei fühlt sich das für mich einfach nur entspannt und neutral an.« Es handelt sich also um einen nicht spürbaren Ausdruck auf dem Gesicht der Kundin. Auf der Suche nach weiteren mimischen Facetten erkennen wir mental entspannte Passagen, in denen das Resting Bitch Face verschwunden ist. »Das sind Momente, in denen ich genau das sage, was ich denke und mich sicher fühle«, stellt meine Kundin fest. Es sind keine Störgedanken im Kopf oder bewertende Sätze wie zum Beispiel »Wie wirke ich jetzt?« oder »Jetzt habe ich doch vorhin vergessen, dass ich noch das und das sagen wollte ...« Bei der kleinsten Unsicherheit folgt wie auf Knopfdruck das Resting Bitch Face. Es ist im Laufe des Lebens zu einem schützenden Blick geworden, der offensichtlich dafür sorgt, dass andere auf Distanz gehen und das Gesagte der Kundin nicht weiter hinterfragen. Sie hat sich diesen Schutzblick angewöhnt, ohne zu wissen, wie unvorteilhaft sie aussieht, wenn sie denkt, dass sie einen neutralen Gesichtsausdruck zeigt.

Gewohnheiten des Körpers zu verändern, erfordert Training und Geduld. Sehr schnell erkennen wir, dass sich nicht nur in Phasen inhaltlicher Sicherheit, sondern auch am Ende einer Videoaufnahme eine bewusste Gelassenheit in der Mimik zeigt. Damit meine Kundin dieses entspannte Gesicht sehen kann, nehme ich bei den nächsten Übungen jedes Mal ein Stück nach Abschluss des Redebeitrages weiter auf. In diesem »Bonusmaterial« finden wir gemeinsam eine Lösung, um das Resting Bitch Face loszuwerden. Wir sehen, dass sie jedes Mal gegen Ende der Präsentation vor der Kamera eine genüssliche Pause macht, in der sie erleichtert durch die Nase einatmet und automatisch ihre beiden Mundwinkel hochzieht und so ein sympathischer Gesichtsausdruck entsteht. Nur wenn sie am Schluss beliebige Sätze wie »Gibt es noch Fragen?« oder ähnliche Überflüssigkeiten ans Ende des Redebeitrages setzt, verschwindet dieser Gesichtsausdruck wieder und das Resting Bitch Face kommt zum Vorschein. Also Achtung! Keine unüberlegten Floskeln aussprechen. Atmen Sie stattdessen lieber bewusst und genussvoll durch die Nase ein und so den ungewünschten Gesichtsausdruck weg!

Konzentration auf die Atmung

Pausen liefern eine wunderbare Möglichkeit, um sich auf die Atmung zu konzentrieren und das innere Gleichgewicht zu stärken, was sich sogleich positiv in der Mimik widerspiegelt. Unsicherheiten wird es beim Sprechen immer geben. Für diese Momente nutzt meine Kundin bei den weiteren Videoaufnahmen Pausen und atmet tief in die Nase ein und entspannt aus, bevor sie weiterspricht. Dadurch minimiert sie muskuläre Anspannungen in ihren Gesichtszügen. Sie wirkt nun weicher, selbstbewusster und präsent und spricht zudem deutlich sortierter und gelöster.

Nicht nur über die Atmung können Sie die Gesichtsmuskulatur stimulieren. Das funktioniert auch, wenn Sie bewusst Ihre Muskulatur im unteren Körperbereich – vom Bauchnabel an abwärts – anspannen. Die Muskelkontraktion im unteren Körperbereich entlastet den restlichen Körper. Sobald Sie unten festmachen, entspannen sich die Muskeln im Oberkörper, und Verspannungen im Gesicht können sich gleichfalls lösen.

Wir sehen an diesem Beispiel, wie viel die Mimik über unsere innere Anspannung und Einstellung, unser Denken und persönliche Eigenschaften verrät. Wer die eigenen Interaktionsabläufe durchschaut, die beim Reden stattfinden, ist in der Lage, Dissonanzen zwischen Gesichtsausdruck und Aussage zu korrigieren. Wir alle sehnen uns nach einem authentischen und glaubwürdigen Auftreten. Unkontrolliertes Stirnrunzeln oder ein Gesichtsausdruck, der auf andere verstörend wirkt, weil er unseren gerade geäußerten Kerngedanken parallel in Frage stellt, zeigen Menschen mit souveräner Körperkontrolle seltener.

Bereits 1979 umriss der Psychologe Albert Mehrabian in seinem Buch *Silent Messages* dieses Thema sehr treffend: »Offensichtlich misstrauen andere unserem gesprochenen Wort, wenn dieses den tatsächlichen Gefühlen, unserem Gesichtsausdruck, unseren Gesten und den damit verbundenen nonverbalen Signalen widerspricht – sie verlassen sich fast vollständig auf das, was wir tun.« Um richtig verstanden und gesehen zu werden, ist das Erkennen meiner Verhaltensweisen oder auch Ticks ein erster Schritt. Ein abschweifender Blick, den ich sende, um beim Sprechen konzentrierter die richtigen Worte zu finden, wirkt nicht mehr beliebig unbewusst abwesend, sobald ich intensiv und klar weiß, warum ich das tue und danach mit präsenten nonverbalen Signalen meine Worte unterstreiche.

Wer den eigenen Redestil weiterentwickeln will, sollte die eigenen Verhaltensweisen und die gesendete Außenwirkung selbst wahrnehmen, erst dann wird klar, was ich verändern will und kann, oder was ich unbedingt beibehalten möchte, weil ich mir und meiner optischen Ausstrahlung bewusst bin. Denn wie wir denken und fühlen, so wirken wir.

Easy Tricks zur Stärkung der optischen Präsenz beim Sprechen

- *Schritt-Formel* (Bewegung im Raum) für ein souveränes Agieren des Körpers und ein selbstbewusstes Timing (s. S. 21)
- *Stand-Formel* (souveräne Körperhaltung) für einen sicheren Stand
  - → B-B-B: breiter Beinstand – imaginierte Brosche auf Brust zeigen – Blick auf Augenhöhe (s. S. 182 und S. 174 für eine präsente Ansprechhaltung)
- *Gestik-Formel* (verhindert Übersprunghandlungen) für ein bewusstes Agieren der Hände
  - → H-H-H: Hals – Hände – Hüfte (s. S. 24/25)
- *Bauchnabel-Formel* (für entspannte Gesichtsmuskulatur und Mimik) für »Freiheit« und Raum in der oberen Körperhälfte und Muskelentspannung in der Mimik
  - → u-f-o-l (unten fest + oben locker, mehr dazu in Kapitel 9 auf s. S. 162)

**Meine Easy Tricks für »Mein Bild von mir«
und ein natürliches, optisches Auftreten:**

....

....

....

....

....

....

....

....

....

....

....

....

....

Easy Trick 2

Du bist, wie du sprichst. Mit wirkungsvoller Wohlfühlstimme in persona klingen

Es ist heiß und stickig, und wie eine Drohung leuchtet die rote Lampe und signalisiert, dass Tessa jetzt lossprechen darf. Die junge Filmemacherin streckt den Hals dem Mikrofon entgegen und bricht schon nach dem zweiten Satz ab. Sie hüpft, springt, lockert sich, doch nichts verändert sich. Sobald die rote Lampe erneut signalisiert, dass der Toningenieur nebenan die Aufnahme gestartet hat, zittert die Stimme, klingt jeder Satz wie eine gequälte Botschaft, von der nicht einmal die Regisseurin selbst überzeugt ist.

Tessa ist keine professionelle Moderatorin und doch will sie es sich nicht nehmen lassen, den Text für ihren ersten an der Hochschule entstandenen Film selbst zu sprechen. Es ist nur eine DIN-A-4-Seite Text, doch den zu sprechen, hat es in sich. Eine gefühlte Ewigkeit verbringt die junge Frau nun schon in dieser Zelle. Hinter einer Glasscheibe sitzt der routinierte Tonmeister. Tessa vermeidet den Blick dorthin, blickt hoch konzentriert auf das große schwarze Stereomikro und ihren Text. Das Wasserglas auf dem Tisch ist fast leer. »Noch mal« tönt es aus dem Lautsprecher, und die Filmemacherin reißt sich erneut zusammen und lässt alles, was an Energie noch in ihr steckt, ertönen. Jetzt klang es gar nicht mal so schlecht, aber ein Versprecher. Tessa drückt und schmatzt und fingert nervös am Manuskript herum. Plötzlich geht die Tür zur Tonzelle auf. »Da ist aber noch Luft nach oben!«, trötet Peter, der Toningenieur, ihr direkt ins Gesicht. »Ich gebe dir mal einen ganz einfachen Tipp, denn wir wollen ja heute noch fertig werden: Stelle dir vor, du stehst mit deinem Text vor dem Kinopublikum und sprichst zu den Zuschauern. Halt den Zettel mal höher, du kannst ihn auch über dem Mikrofon festklemmen. Hände frei ist wichtig und ein Geheimtipp: Lächeln beim Sprechen.«

Auch wenn Tessa gar nicht mehr zum Lächeln zumute ist, positioniert sie das DIN-A-4-Blatt doch höher. Nun kann sie auf Augenhöhe sprechen und muss nicht immer runterschauen. Automatisch bewegt sie sich einen Schritt vom Tisch weg und fühlt sich viel freier beim Sprechen. Sie klebt nicht mehr fokussiert am Mikrofon und spürt mehr Weite. »Wäre doch gelacht, das kriegen wir hin. Du hast doch eine tolle Stimme. Einfach locker bleiben und nicht so ernst und verbissen ablesen, sonst musst du das Geld, was du für einen Profisprecher gerade sparst, für die Tonstudiomiete aufbringen. Los komm, keiner von uns hat Lust auf eine Nachtschicht, du schaffst das!« Peter grinst und sitzt in Nullkommanichts wieder an seinen Reglern.

Tessas Film ist inzwischen erfolgreich auf mehreren Festivals gelaufen, und der Kommentar musste durch keine Profistimme vertont werden. Diese Geschichte von damals beschäftigt Tessa bis heute. Jetzt sitzt sie mir gegenüber und plant ihr nächstes Projekt. Sie möchte einen Podcast ins Leben rufen und das Thema Stimme für sich vertiefen. Sie hat sich vorgenommen, bei mir ein paar einfache Tricks für ihre stimmliche Präsenz mitzunehmen. Das mit dem Lächeln beim Sprechen war schon mal sehr hilfreich, und ich kann sie nur ermutigen, bewusst die Veränderung der Stimmlage wahrzunehmen.

Wir stellen uns vor einen Spiegel und Tessa sagt Sätze mit und ohne Lächeln. Sie erkennt den wirkungsvollen kleinen Unterschied. Das Wichtigste beim Sprechen ist es, diese kleine Justierung der Mundwinkel nach oben nicht zu vergessen. Tessas Gesicht ist schmal und ihr Mund hat eine spitze Form, die den Oberkiefer leicht nach oben zieht. Wir nähern uns der entscheidenden Frage, welches Lächeln der Stimme beim Sprechen hilft. Wer einen eher schmalen Mund hat und muskulär Mühe hat, beim Sprechen zu lächeln, dem empfehle ich die *Unterkiefer-Entspannungsformel h-v-l*. Sie hilft dabei, das für Sie und Ihren Kehlkopf entspannte Sprechlächeln zu finden.

- h – Hängenlassen des Unterkiefers
- v – Vorschieben des Unterkiefers
- l – locker lächeln mit den Mundwinkeln (Mund kann geschlossen oder leicht geöffnet sein)

Beim Üben vor dem Spiegel stellt Tessa sofort fest, wie entspannt und einfach sie nun »Sprechlächeln« kann. »Ich habe so viel mehr Platz im Mund, und es fühlt sich innerlich groß an.« Ich freue mich über diese Einschätzung und Erkenntnis meiner Kundin und bitte sie, dieses Sprechgefühl immer wieder zu erzeugen. Es gibt viele Gelegenheiten im alltäglichen Leben, solche Übungen zu trainieren und an der Reaktion des Umfeldes zu spüren, welche Wirkung diese kleine Modifikation auf den Stimmklang und dadurch auf das akustische Erscheinungsbild der gesamten Person haben kann. Die Stimme klingt von Sekunde auf Sekunde weicher und persönlicher und präsent.

Die Stimme eines Menschen kann ein Erfolgsfaktor, aber auch ein Hemmschuh sein. Was an hörbaren Signalen ankommt, ist abhängig von drei Hauptaspekten:

1. Wie verständlich ist eine Sprecherin oder ein Sprecher?
2. Wie aufmerksam bindet sie oder er die Zuhörerschaft?
3. Wie glaubwürdig und überzeugend wirkt die Sprecherin bzw. der Sprecher?

»Wie wir sprechen, ist oft entscheidender als das, was wir sagen.« Diese These unterstreicht die Tatsache, dass Stimme und Persönlichkeit einer Sprecherin eng miteinander verknüpft sind. Die Stimme spiegelt in vielen Redesituationen die persönliche Stimmung eines Menschen – also seine Befindlichkeit. Wer genau hinhört, kann somit an der Stimme die Gemütslage des Gegenübers ablesen. Wenn die Stimme stimmt, dann stimmt`s! Doch leider geraten die »Handwerkszeuge« der akustischen Struktur zusehends außer Kontrolle, wenn es besonders darauf ankommt. Die Stimmführung klingt plötzlich furchtbar und unsere Betonung (Tonfall) stimmt nicht mehr. Alles was wir paraverbal, also durch den Stimmapparat vermitteln könnten, funktioniert situationsbedingt nicht mehr oder kann nicht mehr voll ausgeschöpft/abgerufen werden.

Immer genau dann, wenn wir es nicht gebrauchen können, macht die Stimme, was sie will. Der bekannte Frosch im Hals lässt uns quarkige Geräusche verströmen. Das Wohlbefinden ist dahin und das Instrument Stimme blockiert. Zum Glück ist unsere Stimme wandelbar und mit ein paar einfachen Übungen der volle Einsatz stimmlicher Präsenz herstellbar. Voraussetzung für das Sprechen mit authentischer Stimme ist eine entspannte Körperhaltung und Atmung.

Um *dynamische Akzente* beim Sprechen zu setzen – also mit der nötigen Kraft und Energie zu betonen –, bedarf es folgender zwei Sprechwerkzeuge:

1. Mit deutlicher Artikulation klar und verständlich zu sprechen.
2. Die Lautstärke beim Sprechen angemessen einzustellen.

Der Begriff *Artikulation* stammt vom lateinischen Wort »articulare« ab, was so viel bedeutet wie »gliedern« und »deutlich sprechen«. Im linguistischen und phonetischen Sinn verstehen wir unter Artikulation die Bildung menschlicher Sprechlaute durch die Artikulationsorgane. Dabei handelt es sich um neuromuskuläre Vorgänge beim Sprechen, die wir unbewusst tätigen, wenn wir reden. Es geht beim bewussten Artikulieren also darum, auf eine deutliche Aussprache zu achten. Auch wenn wir beim Sprechen ständig Laute erzeugen, merken wir manchmal gar nicht, dass wir nuscheln. Vielleicht schaut unser Gesprächspartner nur deshalb so verwundert, weil wir unpräzise und undeutlich in uns hineinsprechen. Wer undeutlich artikuliert, verliert schnell die Ansprechhaltung und wirkt wie jemand, der einfach nur schnell fertig werden will. Es ist für manche Menschen auch einfach nur muskulär anstrengend, die Zähne weiter auseinanderzubekommen.

Die Lockerung von Zunge, Lippen und Unterkiefer ist eine wichtige Voraussetzung für eine verständliche und entspannte Artikulation. Oft liegt es nicht an der Lautstärke, wenn wir nicht verstanden werden, sondern daran, dass wir undeutlich und unterspannt artikuliert haben. Vor allem Dialekte sind durch Verwaschungen und Zusammenziehen von Lauten gekennzeichnet, die das Verstehen erschweren.

Um hier Abhilfe zu schaffen, bedarf es einer trainierten Mundmotorik. Hier ein paar Easy Tricks, um den Artikulationsraum zu weiten und die Gesichtsmuskulatur zu trainieren. Nehmen Sie das Buch am besten mit vor den nächsten Spiegel und probieren Sie aus, ob das was für Sie ist.

Übung: Mundmotorik

- ☑ »Beulen« Sie mit der Zunge von innen die Ober- und Unterlippe aus, kreisen Sie im Mund und ändern Sie dabei ab und zu die Richtung (10 x).
- ☑ Machen Sie die Zunge abwechselnd spitz und breit und legen Sie sie dabei nicht auf den unteren Schneidezähnen ab (10 x).
- ☑ Strecken Sie die Zunge glatt und gerade heraus und ziehen Sie sie danach wieder rein, legen Sie sie dabei nicht auf den unteren Schneidezähnen ab (10 x).

☑ Schieben Sie die Zunge locker wie eine kleine Glocke aus den Lippen und bewegen Sie sie dann hoch-tief und links-rechts, so als wäre sie ein Glockenpendel (Glöckchenübung, 10 x).

☑ Lassen Sie den gesamten Unterkiefer hängen und schütteln Sie ihn dann aus, als wären Sie ein Pferd, das eine lästige Fliege mit dem Maul abschüttelt (10 x).

Sie werden jetzt vielleicht einwenden, dass sie sowas nicht einfach in einer Redesituation machen können. Stimmt. Wobei ...

Wenn ich in Kursen gelegentlich etwas an die Tafel bzw. auf die Flipchart schreibe, lockere ich hier und da meine Mundmotorik, denn dann sehen mich die Menschen ja nur von hinten. Besser ist es, solche einfachen Übungen in den Alltag zu integrieren. Diese Gesichtsgymnastik können Sie beispielsweise täglich morgens nach dem Zähneputzen in den Tagesablauf einbauen. Es werden sich schon bald Erfolge einstellen, denn sie beschäftigen sich nebenbei mit wichtigen Lockerungen für den Sprechapparat. Kurz und täglich bringt viel mehr als stundenlange Stimmtrainings.

Wichtig bei all diesen Übungen ist selbstverständlich der Nutzen. Wer leicht und unbewusst dazu neigt, Worte und Laute zu »vernuscheln«, macht sich beim Trainieren der Mundmotorik bewusst, wie verspannt die Muskeln in diesem Bereich sind, stärkt sie und weitet zudem den Artikulationsraum. Um besser einschätzen zu können, was die Zunge beim Sprechen im Mundraum macht, empfehle ich ergänzend Geläufigkeitsübungen. Auch diese trainieren die Zunge und fördern ein bewusstes Wahrnehmen der Vokalbildung im Mundraum und dadurch ein präziseres Artikulieren. Hier eine kleine Auswahl von Silben, die Sie zunächst langsam und überartikuliert mit gerader Kopfposition in den Raum sprechen.

Übung: Geläufigkeit

Formulieren Sie folgende Silben hintereinander weg, und lassen Sie die Silben locker abperlen, nicht verwischen, den Kiefer locker halten! Wenn Sie spüren, dass Sie erneut einatmen müssen, setzen Sie bitte rechtzeitig ab –, egal bei welcher Silbenkombination Sie gerade sind und atmen entspannt durch die Nase neu ein und beginnen von vorn. Achten Sie auf die Ausatemzeit, die Sie zur Verfügung haben, um entspannt die »Silbenperlen« deutlich zu artikulieren.

☑ »monne-monne-monne, munne-munne-munne, manne-manne-manne ...«

☑ »jojo-jojo-jojo, juju-juju-juju, ja-ja-ja ...«

☑ »heho-heho, heho-heho, heho-heho ...«

☑ »bala-la, bala-le, bala-li, bala-lo, balla-lu ...«

Entscheiden Sie sich für eine der vier Varianten, die Ihnen am leichtesten fällt. Wenn Sie die Silbenkombination klar und deutlich bilden können, erhöhen Sie die Silbenzahl mit weiteren Vokalen aus der Vokalreihe. Hier die komplette Vokalfolge: -a, -e, -i, -o, -u, -ä, -ö, -ü, -au, -ei, -eu. Selbstverständlich atmen Sie zwischendurch und setzen immer wieder neu an. Sobald die Lautverbindung Ihnen ohne Zungenbrechen über die Lippen kommt, kann das Sprechtempo gesteigert werden. Das bringt Geläufigkeit in den Sprechfluss und führt zu einer besseren Artikulation. Also: Beginnen Sie mit diesen Geläufigkeitsübungen langsam. Steigern Sie das Tempo erst, wenn bei langsamer Wiederholung alles klar und deutlich zu verstehen ist. Den Mundraum weit öffnen beim Artikulieren und nicht die Lippenstülpung vergessen!

Tessa macht die Geläufigkeitsübungen, wenn sie genügend Zeit hat, zu Hause. Wenn sie bereits im Studio sitzt, um den nächsten Podcast aufzunehmen, sind folgende zwei Easy Tricks inzwischen zur Gewohnheit geworden: Kurz vor Beginn der Aufnahme weitet sie den Artikulationsraum mit einem genüsslichen Gähnen, und damit die Lippenstülpung stimmt, flattert sie ausgiebig mit ihren Lippen, so als würde sie die Geräusche eines Spielzeuglasters imitieren. Dann fühlt sie sich gewappnet und legt los.

Angemessen laut sprechen

Mit der Artikulation – also der Deutlichkeit beim Sprechen – hat Ilona keine Probleme. Sie spricht ein gut verständliches Hochdeutsch, verliert allerdings ihr dynamisches Stimmvolumen durch ein Runterpegeln der unter 2. aufgeführten *Lautstärke.*

»Ich weiß nicht, wieso ich das mache, aber bei Gesprächen mit der Chefin spreche ich plötzlich leiser und verdrücke mich regelrecht im Gespräch«, berichtet Ilona im Seminar. Es fühlt sich für sie nicht gut an und führt dazu, dass sie oft nicht gehört wird. Das passiert ihr auch bei Behördengängen und beim Bestellen im Restaurant. Welche persönlichen Ursachen das haben kann, erforschen wir nicht weiter. Wir fokussieren den Änderungswunsch und der lautet: Ilona will in jeder Situation angemessen laut sprechen.

Ein Easy Trick, um die Lautstärke beim Sprechen angemessen einzustellen, ist es, sich die gesprochenen Worte zu visualisieren. Wir stellen uns vor, dass das, was wir sagen, zum Mund unseres Gegenübers fliegt und dort ankommen muss. Unsere Stimme muss eine durch andere Personen im Raum vorgegebene Entfernung überbrücken. Das ist ein leichter, sehr effektiver Tipp. Unterstützend helfen kann eine in Richtung Gesprächspartner gerichtete Armbewegung. So sprechen wir aus unserem Körper heraus und in Richtung der Quelle, die uns hören soll. Bedingt durch Innen- und Außenohr hören wir unsere Stimme nie so, wie andere sie wahrnehmen. Es kann manchmal auch einfach daran liegen, dass wir zu leise sprechen, weil wir selbst ein gutes Gehör haben und uns laut genug hören. Die eigene Lautstärke richtig einschätzen zu können, macht sicher und verhindert falsche Signale.

Ilona hat das Thema Lautstärke für sich inzwischen geklärt. Sie spricht mit mehr Körpereinsatz der Hände und kann so mehr Resonanz aus ihrem Körperinneren erzeugen. Sie hat auch festgestellt, dass der Blickkontakt zur Chefin und die Idee, die Worte durch den Raum zu visualisieren, dabei helfen, sofort lauter sprechen zu können. Das kann übrigens auch bei großen Veranstaltungen mit viel Publikum helfen. Ganz bewusst in Richtung der mittleren Publikumsreihe zu sprechen. Die Lautstärke wird auf diese Art und Weise automatisch und easy eingepegelt, damit die Zuhörenden alles gut hören. Die eigene Stimme mag sich für die Selbsteinschätzung des Redners zu laut anhören, was daran liegt, dass wir logischerweise viel näher an der Geräuschquelle sind. Doch für derartige Situationen ist das Stimmvolumen so optimal eingesetzt und genutzt.

Ich gebe Ilona zu diesem einfachen Trick – Visualisieren der Lautstärke – noch eine Trainingsübung für zu Hause mit. Bei dieser Übung unterstützen die Arme und Hände die Aussprache. Die zielgerichtete Bewegung der Arme entspricht der Vokalbildung im Mundraum. So übt Ilona nicht nur laut, sondern präzise die Silben an den Orten im Mundraum anzusprechen, an denen sie durch die Zunge gebildet werden.

Übung: Sa-La-Ga

Die Zunge befindet sich bei der Silbe »Sa« oben vorn, bei der Silbe »La« in der Mundmitte und beim »Ga« hinten unten. Sprechen Sie zunächst ohne Einsatz der Gestik diese drei Silben mehrmals mit kurzen Pausen dazwischen und prüfen Sie, wo genau sich Ihre Zunge befindet. Jetzt setzen Sie parallel zur Silbenbildung unterstützend Ihre Arme ein. Beim Sprechen der Silbe »Sa«

44

strecken Sie die Arme gleichzeitig nach oben (die Zunge rutscht beim S-Laut ebenfalls nach oben), bei der Silbe »La« richten Sie die Arme gerade nach vorn (Zunge rutscht beim L-Laut in die Mundmitte) und bei »Ga« (Zunge rutscht beim G-Laut nach hinten/unten) strecken Sie die Arme während des Sprechens nach unten. Der Kopf bleibt gerade zum Raum ausgerichtet. Die Aktion der Arme verstärkt die Lautstärke. Sprechen Sie die drei Silben zum Vergleich ohne Gestik. Merken Sie den Unterschied? Diese kleine Übung ist zum vorbereitenden Training ein guter Easy Trick, findet zumindest Ilona.

Vielen Menschen helfen Resonanzübungen, um die Lautstärke für den persönlichen Redestil besser zu justieren. Doch was genau ist mit Resonanz gemeint? Wenn wir uns den Körper als einen großen Resonanzraum vorstellen, so nutzen wir diesen am effektivsten, wenn wir aus dem unteren Atemraum oder zumindest aus dem Bauchraum unsere körpereigenen Schwingungen hervorholen. Der Begriff Resonanz kommt aus dem Lateinischen und bedeutet »widerhallen«. Das Schwingen-Lassen und langsame Anschwellen-Lassen von Lauten trainiert die sprecherische Fähigkeit, leichter und schneller von leise auf laut zu schalten. Wie sich das anfühlt und funktionieren kann, vermittelt der Naaaaa-, Nooooo-, Nuuuu-Trick.

Übung: Naaaa-Nooo-Nuuu

Bevor Sie starten, nehmen Sie bitte einen hüftbreiten Stand ein. Im Sitzen können wir nicht optimal widerhallen. Damit Sie Ihren Lautstärkeregler im Körper finden, ist es wichtig, dass Sie auf gleicher Tonhöhe bleiben und nicht wie ein Flugzeug das Naaaa oder Nooooo oder Nuuuu in die Höhe ziehen. Suchen Sie sich einen der drei Laute aus und probieren Sie, mit Ihrer Stimme ganz leise diese Silbe zu bilden. Ganz langsam beginnen Sie dann das »Naaaa« oder »Nooo« beziehungsweise »Nuuu« anschwellen zu lassen. Die Tonhöhe verändert sich nicht! Nur die Lautstärke – in diesem Falle nimmt die Schwingung des Naaas in Ihrem Resonanzraum zu. Der Ton kommt leise aus dem Bauch und erklingt immer lauter. Sobald Sie merken, dass sich der produzierte Ton wie ein Flugzeug anhört, das an Höhe gewinnt, ist es falsch. Dieser Ton rauscht auf einer Flughöhe durch Sie hindurch und wird auf gleicher Flughöhe immer lauter. Probieren Sie es wahlweise mit allen drei Konsonanten-Vokal-Kombination aus: Naaaaaaa oder Nooooooo oder Nuuuuuuu. Mit dieser Übung haben Sie einen effektiven Easy Trick im Gepäck, um die Lautstärkekraft der Stimme einzuschätzen und für Ihren persönlichen Redestil besser nutzen zu können.

Es gibt Stimmen, die dynamisch übersteuert sind und bei längerem Zuhören anstrengend werden. Die Sprechenden merken das im Eifer des Affekts gar nicht und stellen erst hinterher fest, dass sie wie ein »Brüllaffe« gewirkt haben müssen. Das passiert häufig in lehrenden oder betreuenden Berufen mit Kindern, aber auch bei politischen Parlamentariern ist die Stimme ein wichtiger Faktor.

Ein für mich beeindruckendes Beispiel aus der Politik ist die stimmliche Entwicklung von Annalena Baerbock, die seit Ende 2021 deutsche Außenministerin ist. Bevor sie dieses Staatsamt übernahm und als Kanzlerkandidatin im Wahlkampf aktiv war, wirkte ihre Stimme extrem überspannt und oft sehr laut. Eine dynamisch, kämpferische Stimme, die bei längeren Ausführungen übersteuert und anstrengend rüberkam. Seitdem sie in ihrer Funktion als Außenministerin agiert, hat sich ihre stimmliche Präsenz und auch ihr sonstiges Auftreten gewandelt. Sie hat vermutlich an ihrem persönlichen Redestil gearbeitet und es hervorragend geschafft, das, was sie sagt, in eine zu ihrem Typ und ihrer jetzigen Funktionsrolle passende wirkungsvolle Stimmlage zu transformieren.

Die dynamische Härte, mit der Annalena Baerbock artikuliert und die Lautstärke, mit der sie spricht, ist mit einem *melodischen Akzent* angereichert. Außenministerin Baerbock betont bei ihren Statements und Erklärungen zwar nach wie vor voller Energie und Tatendrang, also deutlich artikuliert und mit Lautstärke, jedoch spricht sie jetzt mit einer bewusst geführten Sprachmelodie. Diese feine, stimmklangliche Note vermittelt eine vertrauensvolle Kompetenz und strahlt Besonnenheit und eine diesem Staatsamt gewachsene Persönlichkeit aus. Wir hören einer souveränen Bundesministerin zu, die ihre Inhalte klar auf den Punkt bringt und in ihrer Schonstimmlage spricht. Sie übersteuert akustisch nicht mehr und nutzt ihr Stimmvolumen viel klang- und dadurch wirkungsvoller. Durch diesen betonten Wechsel innerhalb der Sprachmelodie entsteht eine stimmliche Klangfarbe mit Höhen und Tiefen. Ob und wenn ja welche Stimmübung Annalena Baerbock zum Trainieren ihrer stimmlichen Ausdrucksweise gemacht hat, weiß ich nicht. Ich vermute, dass sie daran gearbeitet hat, automatisch und schnell immer ihre souveräne Wohlfühlstimme parat zu haben und darauf zu achten, am Satzende mit ihrer Stimme runterzugehen. In früheren Auftritten von ihr fällt auf, dass sie ihre Stimme beim Sprechen hebt und mehr Spannung aufbaut, um lauter zu werden. Besser wäre es für ihre Stimme, bei der mittleren Sprechstimmlage zu bleiben.

Mit welchen Übungen Sie Ihre Stimme pflegen und trainieren können, wenn Sie melodisch entspannter in anspruchsvollen Redesituationen sprechen möchten, hängt mit folgenden zwei Faktoren zusammen. Vielleicht nutzt Frau Baerbock diese *zwei Easy Tricks*, um mit vollem *Stimmklang* beim Sprechen *melodische Akzente* zu setzen:

1. Die Stimme auf die Indifferenzlage (lat.: Gleichgewichtslage) einstimmen.
2. Mit der Stimme bewusst Abspannen am Satzende.

47

Die Indifferenzlage der Stimme finden

Wenn wir wirklich »in persona« klingen wollen, so wie unser ureigener Tonfall ist, hilft es, die Tonhöhe beim Sprechen zu finden, in der wir den geringsten Kraftaufwand für unsere Kehlkopfmuskulatur haben. Der Fachbegriff für diese Tonhöhe heißt Indifferenzlage. In dieser Stimmlage und um sie herum bewegt sich der durchschnittliche Sprechton des Menschen.

Durch innere Aufregung, Zeitnot oder Satzstrukturen mit Verschachtelungen oder Aufzählungsketten erschweren wir es uns, in unserer natürlichen Sprechtonlage zu reden. Für Kleinkinder ist es völlig natürlich, in dieser Tonlage zu sprechen und vor allem auch anatomisch richtig zu atmen. Kinder können stundenlang schreien und haben keine Halsschmerzen. Bei ihnen ist diese natürliche Tonhöhe gegeben. Zum Glück lässt sich diese Einstimmung – wie das Stimmen bei Musikinstrumenten – durch verschiedene Stimmklangübungen wiederherstellen. Wichtig ist, dass uns dieser durch die Übungen provozierte Ton sofort als Wohlfühlstimmlage bekannt vorkommt. Nur wir selbst können das genau ermessen, wann sich unsere Stimme richtig eingestimmt hat. Um das herauszufinden, probieren sie folgende Übung aus.

Übung: Mmmm – Brummen mit Vokal (Einstimmen der Stimme)

Sie stehen in einer guten, aufrechten Körperhaltung! Greifen Sie mit Daumen und Zeigefinger in die Wangentaschen und massieren Sie den Kaumuskel etwa drei Minuten, dabei hängt der Kiefer locker. Nach dieser kurzen Massage denken Sie an Ihr Lieblingsessen und summen innerlich auf den Konsonanten »mmmm«. Es sollte ein langes, genüssliches und gleichmäßig vibrierendes »M« sein. Dabei bewegen Sie den Kopf leicht auf und ab. Sobald Sie mit dem Klang und der Qualität des Konsonanten zufrieden sind, variieren Sie die Lautstärke – anschwellen und wieder leiser werden – und die Tonhöhe. Experimentieren Sie auf der Suche nach dem optimalen »Brummklang« des »Mmmm«. Sobald Sie eine angenehm vertraute Wohlfühlvibration spüren, schließen Sie einen Vokal an das »M« an. Sie sprechen ein Mmmmmaaaaaaaaaaaaaaaa in der gefundenen Indifferenzlage (perfekten Einstimmlage für Ihre Stimme). Diese Übung trainiert einen optimalen Stimmklang, und Sie werden sich Ihrer stimmlichen Bandbreite bewusst. Spielen Sie mit Ihrem Stimmklang und gehen Sie nach und nach die Vokalreihe durch: Mmmmmmaaaaa, Mmmmmmeee, Mmmmmmiii, Mmmmmmooo, Mmmmmuuuu.

Auf der Suche nach Ihrer Wohlfühlstimme gibt es noch zwei weitere Tricks, um die optimale Stimmhöhe zu finden. Fangen Sie genüsslich an zu kauen und sprechen Sie während der Kaubewegung ein genüssliches »M«. Haben Sie keine Scheu vor schlechten Manieren. Kauen Sie mit offenem Mund und machen sie dabei den M-Laut. Mit geschlossenem Mund können Sie gern behaglich brummen.

All diese »Kinderlaute« befinden sich im unteren Bereich der Sprechstimmlage. Die Übungen helfen Ihnen, Ihre Stimme besser zu spüren, zu hören und einschätzen zu können, wie sie angenehm natürlich und persönlich klingt. Bei allen Menschen ist bei der Schonstimmlage der Kehlkopf in einer Position, die wir auch beim Kauen – also mit unserer Kaustimme – einnehmen. Es kann helfen, sich beim Sprechen vorzustellen, dem Gegenüber das Lieblingsessen zu präsentieren. Das aktiviert den Parasympathikus. Er ist der Teil des Nervensystems, der für Entspannung und Regeneration zuständig ist. Das strahlt im Idealfall auf den gesamten Körper aus und wird auch in der Stimme hörbar – häufig klingt die Stimme dann etwas tiefer.

Übung: Pleueln

Ein Easy Trick hilft ganz schnell bei »verrutschter Stimmlage« –
das »Pleueln«. Durch die Pleuel-Technik wird die Muskulatur
im Kehlkopf gelockert, das erleichtert es Ihnen, schnell wieder mit wirkungsvoller Wohlfühlstimme zu sprechen. Sie lassen
bei leicht geöffnetem Mund den Kiefer hängen und drücken im
Mundraum die Zunge hinter die unteren Schneidezähne. Versuchen Sie den Zungenmittelteil nach oben und nach vorn zu
wölben, ohne den Kontakt der Zungenspitze zu den unteren
Schneidezähnen zu verlieren. Wiederholen Sie diese Bewegung
zwei- bis dreimal und heben bzw. senken Sie so automatisch
den Kehlkopf, was zu einer Lockerung der äußeren Kehlkopfmuskulatur führt. Eine mehrmalige Wiederholung reicht und Sie
können entspannt klingen.

Leider ist die Stimme trotz der richtigen Einstimmung auf
die passende Tonhöhe sehr anfällig für emotionale Überraschungen. Während ein Musikinstrument nach dem Stimmen wunderbare Töne produziert, kann es bei der menschli-
chen Stimme anders zugehen und die Stimme am Ende eines
Satzes wackeln und quietschig »hochrutschen«. Viele Menschen übersprechen den Punkt in einem Satz und heben stattdessen die Stimme und reden sofort weiter. Das wirkt auf
andere unsicher, beliebig und wie ein Fragezeichen. Unsere
Stimme muss beim Sprechen das leisten, was in der Schrift-
sprache die Satzzeichen oder die Schriftarten verdeutlichen.
    Wer es gelernt hat, beim Sprechen abzuspannen, ist ein-
deutig im Vorteil. Ein Easy Trick, um das bewusste Abspannen zu trainieren, besteht darin, die Aktivität des Zwerch-
fells zu erhöhen beziehungsweise die Muskulatur dort zu
trainieren. Dann kann es gelingen, auch bei Anfangsaufregung die Stimme bewusst zu steuern. Je schneller das
Zwerchfell arbeiten kann und je kleiner der Impuls ist, desto
besser kann der Atemstrom beim Sprechen genutzt werden

und das Abspannen der Stimme stattfinden, sodass die Stimme am Satzende aufgrund von Aufregung, Zeitnot oder zu langer Satzstruktur nicht wegrutscht. Die Konsonantenkombination p – t – k erzeugt auf dem »P« einen Impuls, und beim »K« ist das Zwerchfell wieder gelöst in seiner Ausgangsstellung! Das Zwerchfell sitzt im mittleren Atemraum – also in unserem Bauchraum. Damit auch wirklich dort abgespannt wird, ist es wichtig, dass unsere Luft beim Einatmen bis in den Bauch fließt.

Übung: Abspannen im Zwerchfellraum

Atmen Sie durch die Nase ein und stellen Sie sich dabei vor, dass Ihr Bauch so groß wie ein Luftballon wird. Der Luftballon kann sich ruhig richtig weit in die Seite vergrößern. Das Atmen in die Flanke fällt oft leichter als in den Bauch. Wenn Sie Ihre Luft dorthin schicken konnten, lassen Sie beim Ausatmen auf ein »ffffff« die Luft wieder aus dem Luftballon raus – ganz langsam und bewusst. Kurz bevor der Ballon platzt, hängen Sie ein »T« an den fffff-Laut. Dieses »T« ist der Easy Trick, mit dem es automatisch gelingt, im Zwerchfellraum abzuspannen. Voraussetzung ist es, dass Sie in den mittleren Atemraum geatmet haben und auch wirklich dort unten abspannen können. Diese kleine Übung bringt große Erfolge für die Stärkung der Zwerchfellmuskulatur. Übertragen Sie diesen Abspannimpuls auf Ihre Satzenden, wird sich Ihre Stimme automatisch am Satzende senken und Sie einen stimmlichen Punkt setzen.

Pausen sind wichtig
Der Stimme tut es gut, auch mal eine *Pause* zu haben. Nicht umsonst gibt es das Sprichwort: »Reden ist Silber, Schweigen ist Gold.« Sprechende, die bewusst auf Pausen, Tempo und Sprechfluss beim Kommunizieren achten, regulieren

und variieren ihre Wortbeiträge durch *temporale Akzente*. Dadurch geben Sie den Zuhörenden Gelegenheit, Aussagen zu überdenken und ermöglichen sich selbst, in Ruhe Luft zu holen sowie den nächsten Gedanken zu fassen. Oft fühlt sich eine Pause innerlich länger an, als sie nach außen wirkt.

- Die Pausenlänge ist meist genau richtig gewählt, wenn Sie innerlich den zuletzt gesagten Satz noch einmal denken.
- Für die Stimme bietet eine Pause die Gelegenheit zur *Nasenatmung*. Das erfordert vom gerade nicht mehr Sprechenden, dass er während der Pause den Mund geschlossen hält. Frische Luft kommt durch die Nase in den Körper und zwar in den Bauch.
- Danach atmen Sie durch den Mund aus und beginnen, während die Luft bereits ohne Worte ausfließt, in den Ausatemfluss zu sprechen.
- Ein Easy Trick ist es, vor jedem Reden erst mal auszuatmen. Viele Menschen denken, sie müssten erst mal ordentlich Luft holen vorm Sprechen. Das ist ein Trugschluss und für die Stimmführung nicht gut. Häufig entsteht so Atemnot, nämlich dadurch, dass zu viel Luft in der Lunge ist und die Stimme gickst dann ungewollt hoch. Also keine Angst vor Atemnot, achten Sie lieber darauf, keine Atemfülle zu erzeugen.
- Mit Pausen und Tempowechsel geben Sie dem Sprechen Struktur und schaffen Zeit für die Nasenatmung.

Wer achtet schon auf die richtige Atmung beim Sprechen? Umso schlauer ist es, temporäre Akzente zu setzen und auf diese Art und Weise die Wohlfühlstimme mit der passenden Sprechgeschwindigkeit und den nötigen Atempausen zu stärken. Pausen bieten außerdem die Gelegenheit für ein Lächeln, und wir können in Ruhe einen Schluck Wasser trinken. Auch das ist wunderbar für eine souveräne, wirkungsvolle stimmliche Präsenz.

Beim Selbstfeedback erklärt ein Teilnehmer im Körpersprachetraining, dass er beim Reden ab und zu die Augen schließen muss, um sich selbst besser zu hören. Er spricht generell nicht gern, und es strengt seine Stimme und die Atmung unheimlich an. Das Wegbrechen seiner Stimme lenkt ihn jedes Mal beim Sprechen ab, und er kann auf den bewussten Einsatz von optischen Signalen nicht achten, horcht stattdessen in sich hinein. So verhindert er den Einsatz anderer persönlicher Ressourcen. Alle Seminarteilnehmer wünschen sich mehr Blickkontakt und Ansprechhaltung. Damit die Fokussierung auf die eigene Sprechstimme aufhört, empfehle ich für seine Rhetorik folgenden Easy Trick: In Vortrags- und Besprechungssituationen immer ein Glas oder eine Flasche Wasser ohne Sprudel dabei zu haben und in Gedankenpausen Stille zu erzeugen und zu trinken. Für die Stimme ist das eine Wohltat. Räuspern ist nicht gut für die Stimmbänder und erhöht in keinem Fall die stimmliche Präsenz. Kurz vor oder nach dem Trinken ist dann auch noch genügend Zeit für einen klaren, sicheren Blickkontakt.

Nicht nur Unstimmigkeiten zwischen Selbst- und Fremdbild können verstören. Viele Menschen fremdeln mit dem, was sie auf Tonaufnahmen von sich hören. Sobald wir unsere Stimme bewusst einschätzen und erkennen, mit welchen Easy Tricks wir unsere para-verbale Struktur modellieren können, sind wir einen enormen Schritt weiter und werden authentisch in persona klingen.

Easy Tricks für eine wirkungsvolle Akustik beim Sprechen

- *Unterkiefer-Entspannungsformel:* Der Unterkiefer entspannt und der Mundraum vergrößert sich
  - → h (hängen lassen) – v (vorschieben) – l (lockere Mundwinkel, die ein Lächeln andeuten)
- *Mund- und Lippenmotorik-Formel* (Schnellformel zur Lockerung des Sprechapparates)
  - → G (Gähnen): weitet den Mund- bzw. Artikulationsraum
  - → A (Auspusten Kerze): Training des Zwerchfellmuskels
  - → L (Lippenflattern): erzeugt lockere Lippenstülpung
- *Geläufigkeits-Formeln:* für das Training einer deutlichen Artikulation
  - → »bala-la, bala-le, bala-li, bala-lo, bala-lu ...«
  - → »monne-monne-monne, munne-munne-munne, manne-manne-manne ...«
  - → »jojo-jojo-jojo, juju-juju-juju, ja-ja-ja ...«
- *Sa–La–Ga–Formel:* die Vokalbildung im Mundraum durch Gestik unterstützen und bewusster ansprechen
- *Naaa, Nooo, Nuuuu -Formel:* den Ressonanzraum im Bauch spüren und von dort Lautstärke für die Stimme schöpfen
- *Mmmm-Brummen mit Vokal oder Pleueln:* Trick zum Einstimmen der Stimme auf die Indifferenzlage
- *ffff-T – Abspannformel:* Diese Abspannübung trainiert das Zwerchfell und hilft, den Atemdruck am Satzende zu lösen und die Stimme leichter abzusenken.
  - → »heho-heho, heho-heho, heho-heho ...«

Meine Easy Tricks für meine Stimme:

....

....

....

....

....

....

....

....

....

....

....

....

....

....

Easy Trick 3

Dein Wortschatz kann beeindrucken.
Worte prägnant wählen

Kennen Sie Floskeln oder Füllworte? Die deutsche Sprache liefert eine Vielzahl davon. Was der inflationäre Gebrauch von sogenannten Weichzeichnern anrichten kann, zeigt dieses Transkript eines Wortbeitrags aus einer Videoübung: »Vielleicht sag ich jetzt noch kurz etwas zu meiner Person ... Äh ... Ich bin eigentlich aus einem anderen Bereich und ähm, ja genau ... deshalb ist es auch für mich spannend und quasi ein richtiger Neustart ... ähm... in dieser Funktion. Relativ klar ist sicherlich für alle von Ihnen, dass unser Team ein paar ähm so noch nie dagewesene, nun aber dann doch tatsächlich vorliegende Aufgaben zu bewältigen hat. Vielleicht hole ich nun ein bisschen zu sehr aus. Das ist normalerweise eigentlich nicht so meine Art, doch erlauben Sie mir kurz noch diese Bemerkung. Die würde ich jetzt sozusagen noch gern machen ... ähm ...«

Diese mit unnötigem Wortballast beladenen Ausführungen wirken unsicher und erschweren es den Zuhörenden, dem Kern der Aussage zu folgen. Dieser Wortbeitrag enthält mehr als 20 Weichzeichner. Die massive Dichte an überflüssigen Wörtern ist dem Sprecher erst durch das Anhören der Aufnahme bewusst geworden. »Ich hätte gedacht, ich mache viel mehr Pausen, aber da sage ich ja ständig ähm, eh oder genau, wie schrecklich ...!« Entsetzt stellt Maxim fest, dass er dringend an seinem Wortschatz arbeiten sollte. Die überflüssigen Füllworte verwässern das, was er eigentlich sagen will. Ihm fällt es schwer, kurz und knackig auf den Punkt zu kommen. Das war schon immer so. Egal ob in der Schule oder mit Freunden, wenn Maxim zu sprechen versucht, klingt das holprig und unpräzise. Die Flickworte helfen ihm, unbekümmert weiterzusprechen und erleichtern es ihm, den nächsten Gedanken zu fassen. Nüchtern betrachtet sind diese Füllsel nichts weiter als Zeitverzögerer, die einen unkonzentrierten Sprachgebrauch widerspiegeln. Für den Redner sind sie wertvoll, denn so kann er im Erzählfluss bleiben. Doch durch relativierende, unnötige Worte wirkt ein Sprecher unentschieden und so, als würde er sich die ganze Zeit nicht festlegen wollen und sich dafür entschuldigen, dass er überhaupt spricht. Niemand möchte gerne verklausuliert sprechen, und es passiert unbewusst, weil die Inhalte erst während des Sprechens entstehen und nicht schon klar vorformuliert im Kopf sind. Wer seine Worte gewählt ausspricht, muss sich zwangsläufig auf die Wortwahl konzentrieren.

Am besten gelingt es, sich von den überflüssigen »Ähms«, »Eigentlichs«, »Quasis«, »Bisschens« und »Vielleichts« zu verabschieden, wenn wir uns geplant darauf fokussieren, langsam und bewusst zu sprechen und jedes Mal zu pausieren, anstatt die einschränkende Floskel auszusprechen. Aus einem »Eigentlich ist mein Eindruck ...« wird ein »Mein Eindruck ist ...« Ein »Vielleicht beschreibe ich das noch genauer ...« verwandelt sich in einen klaren Subjekt-Prädikat-Objekt-Satz: »Ich beschreibe das noch genauer.« Es hilft beim Sprechen, in klarer, einfacher Satzstruktur zu denken. Das lässt sich beim Erzählen von Inhaltsangaben von Filmen oder Büchern prima üben. Für Maxim war es eine riesengroße Hilfe, im Freundeskreis über Bücher und Filme zu sprechen und dabei zu trainieren, keine Weichzeichner zu benutzen und durch Pausen und einen langsamen Sprechfluss bewusst Spannung zu erzeugen. Er fühlte sich innerlich gestärkt, konzentriert und sogar wesentlich entspannter, weil er mit den Easy Tricks Pause, Entschleunigung und einfachem Satzbau (S-P-O) klare Aussagen formulieren musste. Er kam sich so vor, als würde er die anderen mit seiner neuen Erzählgeschwindigkeit langweilen, aber ganz im Gegenteil, ihm wurde viel aufmerksamer zugehört.

Der Satz »Ich möchte Ihnen gern etwas sagen …« wirkt entschuldigend und macht das Anliegen im Vorfeld klein. Sobald ich so einen Satz höre, denke ich verärgert: »Na, dann tu es doch!« Langes Drum-Herumreden wirkt unsicher und keinesfalls souverän. Besser und vor allem präsenter klingt ein »Ich spreche zu Ihnen über …«. Alle Möglichkeitsformen wie beispielsweise »möchte«, »könnte«, »würde«, »sollte« sowie Halbsätze wie »Ich sag mal …«, »auf jeden Fall …« können Sie ersatzlos aus Ihrem Sprachgebrauch streichen. Egal welches Ihre Lieblingsfüllwörter oder -sätze sind, akzeptieren Sie deren Existenz und erschrecken Sie nicht jedes Mal, wenn Sie sie schon wieder sagen, obwohl Sie sie doch reduzieren wollten. Sprachgewohnheiten oder Lieblingsworte wie »sozusagen« werden Sie nicht von heute auf morgen los. Das ist für viele Menschen ein langwieriger Prozess, sich bewusst von unnötiger Füllmasse im Satzbau zu befreien. Informationen ohne garnierte Höflichkeitsfloskeln auszusprechen, fühlt sich für manchen zu direkt und forsch an. Das kann an anerzogenen Umgangsformen liegen oder ist oft auch eine Typfrage. Nicht jeder fällt beim Sprechen sofort mit der Tür ins Haus. Doch es geht hier nicht darum, plump zu sein. Es gibt eine Vielzahl von prägnanten Worten, Sätzen und Schätzen der Formulierungskunst, die beeindruckend und höflich auf Augenhöhe sind.

Alternative zu Füllwörtern
Wenn andere Informationen mit unmissverständlichen, klaren Sätzen präsentieren, wirkt das oft so leicht und beein-

druckend, doch dahinter steckt viel Arbeit und Grammatik. Wir haben bereits im vorherigen Kapitel den akustischen Apparat und stimmliche Werkzeuge kennengelernt und wissen, wie wichtig Atem und Körperspannung für unsere Kraftstimme ist. Füllworte machen all das kaputt, was wir uns durch Stimmtraining aufbauen. Die Stimmbänder haben nie Pause und eine Entlastung durch Abspannen wird verhindert. Am Ende entsteht nicht einmal ein Mehrwert an Informationen für den Gesprächspartner.

Also wie werden wir unnötige Füllmasse in Sätzen los? Was gibt es für Alternativen, jenseits der bereits erwähnten Pause statt eines »ähms«? Schweigen und Blicken, statt höflich, eloquent zu formulieren, verhindert zwar Verlegenheitssätze und Floskeln, wirkt aber nur für einen kurzen Moment souverän.

Geübte Redner wissen das. Um locker und bewusst ohne Standardsätze (zum Beispiel »Ich halte jetzt kurz eine Rede …«, »Ich freue mich, vor Ihnen zu sprechen …«) in Sprechsituationen zu starten, benutzen Sie Einstiegstypen – sogenannte *Eisbrecher*. Mit diesem rhetorischen Werkzeug erreichen Sie automatisch durch gut ausgewählte und vorher überlegte Worte eine sprachliche Mitteilung, mit der Sie beeindruckend Brücken schlagen und ins Gespräch finden.

Das gelingt mit diesen zehn Einstiegstypen gut. Sie sollten natürlich nur einen dieser zehn Eisbrecher auswählen, der am besten zum Inhalt und zur Situation passt. Eine Festansprache mit einer Provokation (Einstiegstyp 3) zu beginnen, ist kein eisbrechender gelungener Einstieg, wo hingegen eine übertriebene Behauptung/Überspitzung für eine Oppositionsrede im Bundestag ein gelungener, provokanter Einstieg und Türöffner sein kann, um Gehör zu finden.

1. Ansprache der Hörer/Aufgreifen eines unterstellten Hörerinteresses
2. Schilderung einer Zukunftsvision

3. Provokation: (fach-)sprachliche Überspitzung, unglaubwürdige, übertriebene Behauptung
4. Vorstellung des Themas: Definition, Abgrenzung, Gliederung vorstellen
5. Voranstellen eines literarischen Aufhängers (Zitat, Sprichwort, Witz, kurze Erzählung, Beispiel, Vergleich)
6. Schilderung eines persönlichen Erlebnisses
7. Direkteinstieg mit einer These (Behauptung), die gleich am Anfang steht > dialektischer Anfang mit These – Antithese > (Teil-) Darstellung des behandelten Gegenstandes
8. Historischer Einstieg: Entstehung des Themas wird beschrieben, historischer Vergleich, Rückblick
9. Frage oder auch Fragenkette, um zum Thema hinzuführen
10. Anknüpfung an Aktuelles

So ein schmückendes Beiwerk gleich zu Beginn eines Redebeitrags erleichtert den Anfang und hilft gegen Aufregung (dazu mehr in Kapitel 6). Doch auch im Alltag können vorüberlegte Eisbrecher dafür sorgen, dass Sie als wortgewandt, spontan und situationssicher wahrgenommen werden. Derartige Smalltalk-Elemente machen sich gut zu Beginn eines Gespräches. Die Anfangsphase von beispielsweise Vorstellungsgesprächen sagt viel über die Persönlichkeit eines Bewerbers oder einer Bewerberin aus. Wer sich nur auf die Fakten im Hauptteil vorbereitet, riskiert einen stammelnden Anfang mit plötzlich auftretenden Aufregungszuständen und Füllseln. Diese Verunsicherung zieht sich im schlimmsten Fall weiter durch den Hauptteil der Unterhaltung.

Die Gewissheit, sprachlich und inhaltlich mit klugen Aussagen zu beginnen, stärkt das Selbstvertrauen. So verschwinden überflüssige Weichzeichner, und wenn Sie zu sprechen beginnen, sind Sie schon mittendrin in Themenfeldern, ohne lange und peinlich drum herum reden zu müssen.

Häufig sind auch die Enden von Wortbeiträgen ein Sammelbecken für pauschale Sätze wie »Gibt es noch Fragen?« ..., dabei wollen Sie nur schnellstens verschwinden. Nutzen Sie auch hier einen Einstiegstyp zum Aussteigen und zwar auf Augenhöhe und Sie werden überzeugend und spontan wirken, wenn Sie plötzlich einen denkwürdigen und bündelnden Spruch am Ende des Vortrags zitieren.

Setzen sie sich bitte nicht unter den Druck, dass Sie plötzlich unglaublich sprachgewandt sein müssten und die anderen Sie als Rhetorikgenie wahrnehmen sollen. Es ist Ihr Redestil und Ihre Chance, um entspannt zu zeigen, dass für Sie einfache Tricks reichen, um alles im Griff zu haben. Gerüstet mit rhetorischen Eisbrechern sind Sie leicht in der Lage, spontan über Aktuelles, Historisches oder was auch immer zu sprechen. Dass sie sich zu Hause darüber stundenlang Gedanken gemacht haben, braucht ja niemand zu erfahren ...

Brückenschlagende Eisbrecher

Der ehemalige deutsche Bundespräsident Joachim Gauck begann seine Ansprache nach der Wahl zum Bundespräsidenten am 18. März 2012 mit folgendem Satz: »Was für ein schöner Sonntag!« Er machte nach diesem Satz eine bewusste Pause und nutzte diese für einen tiefen Atemzug in den Bauch. Diese lapidare Wetterinformation lud einige im Plenarsaal zum Schmunzeln ein. Es wurde sogar geklatscht. Eine staatstragende Situation brach durch diese fünf Worte auf und wurde für den Moment zu einem entspannten, smalltalkigen Austausch über die aktuelle Wetterlage.

Dieser unerwartete und bewusst initiierte Eisbrecher-Start hat seinen Dienst erfüllt: Er schützte den Redner von Anfang an vor zu großer Aufregung. Gauck lächelte den Einstieg mithilfe dieser auf den ersten Blick lapidaren, alltäglichen Aussage weg und verschaffte sich so wertvolle Zeit, um seinen Frosch im Hals wegzuschlucken, zu atmen und die exponierte Lage, in der er sich so kurz nach der Wahl befand, herunterzuspielen. Der Redner Gauck kreierte vom Rednerpult aus eine angenehme und lockere Atmosphäre, die ihn sichtlich stärkte. Auch wenn der Satz beiläufig dahingesagt wirkt, gehe ich davon aus, dass Joachim Gauck sich hundertprozentig treffsicher gefühlt hat, als er ihn aussprach. Er wusste genau, warum er mit dieser unspektakulären Wetterinformation das Eis brach (Einstiegstyp: Anknüpfen an Aktuelles). Sie vereinfachte ihm den Start in eine staatstragende Sprechsituation und diente ihm gleichzeitig als roter Faden für seine gesamte Rede. Nur wer den Subtext des Eisbrechers kennt, hat mehr gehört als andere, denn im späteren Verlauf der Rede ging Gauck auf historische Ereignisse ein, die am selben Datum stattgefunden hatten.

Wir sehen an diesem Beispiel, wie gut es von Anfang an funktionieren kann, sich mit dem Einstiegstyp – eine Anknüpfung an Aktuelles, hier die Wetterlage – schlauer und spielerisch einen Souveränitätsraum zu verschaffen. So fühlen Sie sich sicher und bewegen sich freier unter herausfordernden Umständen und können durchatmen, während alle anderen mit Nachdenken beschäftigt sind. Sollte es Ihnen also bisher schwergefallen sein, das Wort in exponierten Situationen zu ergreifen, benutzen Sie brückenschlagende Eisbrecher statt überflüssiger Floskeln.

Sprachliche Eigenheiten können etwas bezaubernd Schönes haben, wenn ich sie an mir erkenne und unbedingt beibehalten möchte. Tom hat sich für ein Training bei mir entschieden, um seine Ausdrucksweise zu verbessern. Erstaunlicherweise ist sein Wortschatz absolut reichhaltig und abwechslungsreich. Er wählt Worte, die lautmalerisch gut klingen, Bilder, Gefühle und Gedanken stimulieren und dafür sorgen, dass seine Erzählweise fesselt. Er benutzt Seltenheitsworte wie »galant, famos, kuschelig, vortrefflich, goldig«. Diese Worte aus Omas Zeiten sind aus dem olfakto-risch haptischen Bereich und wecken sofort auf, denn sie ver-stärken und untermalen das Gesagte. Auch seine umschrei-benden Adverbien, die häufig nicht zum Adjektiv passen, bringen mich beim Zuhören zum Schmunzeln:»Da habe ich eine erschreckend ehrliche Erkenntnis gewonnen ...«, er-zählt er und bemerkt gar nicht, wie sehr er mich in seinen verbalen Bann zieht.

Fast jedes Mal, wenn er ansetzt zu sprechen, setzt er ein »Ja« vorweg. Dabei atmet er erleichtert aus und spricht erst dann weiter. Ähnlich der bereits erwähnten »Ähms« und »Genaus« stoppt dieses »Ja« seinen Sprechfluss und wirkt dennoch souverän. Tom wünscht sich, sein ständiges »Ja« vorneweg loszuwerden. Interessanterweise stellen wir im Laufe der gemeinsamen Arbeit fest, dass der Ja-Pausen-Tick unglaublich gut zu ihm und seiner Sprechweise passt und er diese Eigenheit unbedingt beibehalten sollte. Auch wenn er schlussendlich gar nicht mehr viel an seinem Redestil än-dern möchte, fühlt es sich für ihn erst jetzt authentisch an. Er hält mir einen kleinen Vortrag über sein Ja und schließt auf diese Art und Weise seinen Frieden mit dieser Eigenart – und sogar noch besser – will sein Füllsel »Ja« zu Beginn von Redebeiträge in Zukunft bewusst als »Toms Ankomm-Ja« einsetzen. Dafür will er sich von dem »Ja« als Pausenfüller zwischendurch verabschieden.

Wichtig ist, dass ich als Sprecher wahrnehme, was ich tue und sage, dazu stehe und meine Worte bewusst einsetze. Ein kleiner Easy Trick, der vielen Menschen dabei geholfen hat, ihren distanzierten und unglaubwürdig wirkenden Re-destil abzulegen, ist es, das Wort »man« zu streichen. Sätze wie:»Man sieht, dass du aufgeregt bist ...« oder »Man soll-te dringend etwas ändern« benennen distanziert und unper-sönlich einen Umstand.

Ein häufiger Gebrauch des Wortes »man« ist in der Ver-waltung und in Behörden zu verzeichnen. Beim Sprechen fällt es den Mitarbeitenden oft gar nicht auf, dass sie berufsbedingt dieses neutrale kleine Wort mit drei Buchstaben benutzen und so in Gesprächen mit Bürgern oder Hilfesuchenden einen bürokratendeutschen Abstand schaffen. Ich freue mich sehr darüber, wenn ich Menschen darauf hinweisen kann, wie unnahbar ihr »man« die Kommunikation macht. Sätze mit Ich-Botschaften oder klar benannten Subjekten werden viel pointierter und souveräner verstanden. Neben dem Behördendeutsch gibt es zahlreiche andere Berufsgruppen mit sprachlichen Sonderheiten. Beispielsweise Juristen oder auch Mediziner unter sich. In der jeweiligen Berufsgruppe kann oft nur mitreden, wer bestimmte Sprachcodes befolgt. Wer als ebenbürtiger Mitspieler der Branche akzeptiert werden will, muss – sprachlich betrachtet – auf einer unausgesprochen festgelegten Sprachebene kommunizieren.

Die richtige Sprachebene benutzen
Hannah ist es mehrfach passiert, dass sie keine Chance auf eine Stelle hatte, weil sie die falsche Sprachebene benutzt hat. Es gibt zwei Ebenen der Sprache, die zu unterscheiden sind: die elaborierte (gehobene) Sprache und die restringierte Sprache – auch oft als Alltags- oder Umgangssprache bezeichnet. Sich vorher Gedanken über die zu benutzende Sprachebene bezüglich der Zielgruppe zu machen, kann sehr hilfreich sein.

Hannah spricht im privaten Umfeld umgangssprachlich und gebraucht gern derbe Worte, die unbewusst einfach aus ihr rausströmen. Ihre Sprache wirkt dadurch jugendlich und ungeschliffen. Leider kann sie das in Bewerbungsgesprächen nur bedingt abstellen. Immer wenn sie sich sicher fühlt, kommen trotz ihrer fachlichen Kompetenz Wortbrocken wie mega oder cool in den Gesprächen mit Sozialarbeitsbildungsträgern vor, die dafür sorgen, dass Abstand davon genommen wird, Hannah als neue Kollegin einzustellen. Bei dem fünften Gespräch, dass nun schon gescheitert ist, hat Hannah den Tipp erhalten, an ihrem jugendlichen Auftritt zu feilen, um als verantwortliche Mitarbeiterin besser ins Team zu passen. Wir bereiten gemeinsam eine Liste von Wörtern vor, die zum derben Sprachschatz von Hannah gehören. Ihre Hausaufgabe zum nächsten Mal ist es, für jedes dieser Worte drei Synonyme zu finden, die im Idealfall aus einer anderen – somit elaborierten Sprachebene stammen. Nach und nach wird der jungen Frau ihr Wortschatz bewusst und sie erkennt, dass die deutsche Sprache voll der schönen Worte ist. Ich erkläre ihr, dass laut Duden der aktive Wortschatz eines deutschen Durchschnittssprechers auf 12.000 bis 16.000 Wörter geschätzt wird (davon 3500 Fremdwörter). Allgemein gesehen benennt der Duden den Wortschatz der deutschen Gegenwartssprache mit zwischen 300.000 und 500.000 Wörtern (Grundformen). Was für ein erstaunlicher Unterschied, und gleichzeitig was für eine Chance für die Sprache eines jeden einzelnen Sprechers.

Hannah ist begeistert von ihrer Hausaufgabe und kommt zum nächsten Termin mit einer Bandbreite seltener Wörter, die sehr gut zu ihr passen. Statt Megaaufgabe sagt sie jetzt eine vortreffliche Aufgabe und die coole Weiterbildung wird zur fabelhaften Weiterbildung. Bei der Wortsuche hat Hannah bemerkt, wie selten sie in letzter Zeit ein Buch gelesen hat und dass es ihr richtig Spaß bringt, mal etwas abwechslungsreicher zu sprechen. Diese Begegnung mit Hannah liegt nun schon vier Jahre zurück und inzwischen ist sie Leiterin einer Jugendeinrichtung, in der ihr bei der Hip-Hop-Gruppe ihr Slang von früher gutsteht. Auf Kongressen oder in Videokonferenzen mit anderen Bildungsträgern schätzen die Kollegen sie als ebenbürtige und souveräne Leitung, die sogar neben ihren Führungsaufgaben einen hervorragenden Draht zu den betroffenen Jugendlichen pflegt.

Formale Stolperfallen

Der persönliche Redestil drückt sich sprachlich – gemeint ist hier die rein grammatikalisch verbal verwendete Sprechweise – nicht nur durch Floskeln, Füllwörter, Wortwahl und die Sprachebene aus. Auch der verwendete Satzbau und die Satzlänge strahlen Signale aus, und vielen Menschen fällt gar nicht auf, wie derartige formale Stolperfallen unbewusst für Unsicherheiten sorgen.

Obwohl Rudis resonanzstarke Stimme den Besprechungsraum füllt, er mit präsenter Körperhaltung, einer guten optischen Darbietung mit viel Blickkontakt und kompetenter Wirkung seine Inhalte präsentiert, stimmt irgendwas nicht. Er will es schaffen und alle begeistern. Doch schon nach den ersten Minuten seiner Präsentation starrt er in eingefrorene, gelangweilte Gesichter. Er hat das schon häufig beobachtet, dass bei Meetings, wenn er dran ist, die Stimmung kippt, häufiger zur Uhr geschaut wird und es eine spürbare Ungeduld gibt. Er vermittelt offensichtlich eine Monotonie und kann sich einfach nicht erklären wieso. Rudi hat schon an seinem nonverbalen Auftritt gearbeitet, zahlreiche Rhetorikkurse besucht, und er macht wirklich eine »gute Figur«. Doch das allein reicht offenbar nicht, um sein Gegenüber bei der Stange zu halten. »Was ist da los, wenn ich spreche?«, möchte er von mir wissen.

Mir fällt auf, dass Rudi permanent chronologisch reiht, egal worum es geht. Sein Satzbau ist von Konjunktionen, das heißt Bindewörtern wie »und« »und dann« – überfrachtet. Das erzeugt eine immer gleiche Satzstruktur und dadurch eine monotone Gleichförmigkeit seiner Ausführungen. Die Sätze sind zudem zu lang, und wenn ein Punkt vorkommt, wird er durch ein »und ähm« übersprochen. Rudi wundert sich und entdeckt neben den vielen »unds« noch ein zweites Wort, das fast in jedem Satz auftaucht. Er hat die Angewohnheit, ständig »sozusagen« zu sagen. »Ich kann das gar nicht steuern, und jetzt, wo Sie mich darauf hinweisen, ist es noch schlimmer ...«, klagt Rudi, der jetzt jedes Mal stockt, wenn wieder ein »sozusagen«, ein »und dann«, »und« oder »und ähm« über seine Lippen kommt. Ich versuche ihm klarzumachen, dass das gut ist, dass ihm die Konjunktion »und« und auch sein Lieblingsfüllsel »sozusagen« nun bewusst werden. Es ist der erste Schritt, um diese störenden Wörter loszuwerden. »Was mache ich denn jetzt damit?«, will er wissen.

Ich empfehle ihm folgende Easy Tricks, um sein angewöhntes Sprechmuster zu durchbrechen und eventuell sogar das »Sozusagen« auszutricksen. Ich rate Rudi, in normalen alltäglichen Gesprächen Folgendes zu üben:

- prägnante kurze Sätze sprechen, die einen Punkt haben
- aus der chronologischen Erzählweise durch Fragesätze ausbrechen
- Gesagtes auch einfach mal stehen lassen und nicht noch hundert Beispiele aufzählen
- auf Subjekte im Satz achten, denn Und-Dann-Sprecher werden häufig zum Sklaven ihrer Verben und wissen am Ende oft gar nicht mehr, wie sie ihren Satz beenden können

Dieser klare Fokus auf ein Thema der Rhetorik – nämlich den Satzbau – ist der richtige Weg zu einem erfolgreichen Sprechstil. Rudi fühlt sich erleichtert, weil er bemerkt, dass trotz Weglassen mancher Ausführungen nichts Wichtiges fehlt, um verstanden zu werden. Im Laufe des Trainings kann er immer besser einschätzen, was für Schachtelsätze er überhaupt in der Lage ist zu formulieren. Er will diese Fähigkeit als bewusstes rhetorisches Mittel in seinem Redestil bewahren, aber nie wieder als unbewusste monotone Dauerschleife einsetzen. Ein kleiner Erfolg für ihn ist es, dass er nach Meetings nicht mehr so erschöpft ist und im Kollegenkreis schaut jetzt keiner mehr ungeduldig auf die Uhr, wenn Rudi spricht.

Easy Tricks zur Stärkung der sprachlichen Struktur und prägnanter Verbalität

- *Nasenatmung statt »Ähms«-Trick:* Beim Einatmen durch die Nase kann kein Pausenfüller »ähm« gesprochen werden, denn der Mund bleibt automatisch geschlossen.
- *Eisbrecher-Einstiegstypen-Trick:* Vorüberlegte Eisbrecher vermindern Füllsel beziehungsweise Flickwörter beim Start in eine Redesituation.
- *Wortschatzerweiterungs-Trick:* Altertümliche Wörter wieder aktivieren und so für sprachliche Abwechslung und Einzigartigkeit sorgen (gelingt spontan einfacher, wenn wir viel lesen und die Vielfalt der Wortwahl neu entdecken).
- *Subjekt-Prädikat-Objekt-Trick:* Kurzer Satzbau bei der gesprochenen Sprache vereinfacht das eigene Sprechdenken; Bindewörter und längere Aufzählungen können den Satz nicht verschachteln. Ein klarer, präziser Satzbau entlastet die Stimme und lässt Platz zum Atmen.

Meine Easy Tricks für einen Redestil mit verbaler Ausdruckskraft:

....

....

....

....

....

....

....

....

....

....

....

....

....

Easy Trick 4

»Das geht sicher wieder schief!« – Schwarzmalereien vermeiden

»Die wahren Optimisten sind nicht überzeugt, dass alles gutgehen wird. Aber sie sind überzeugt, dass nicht alles schiefgehen wird.« Was für ein wunderbarer Tipp, den der Dichter Friedrich Schiller allen Schwarzmalern mit dieser Feststellung auf den Weg gibt. Menschen, bei denen angeblich immer alles schiefgeht, müssen ab sofort gar nicht alles gut machen. Alle hochgehängten Ansprüche an die eigene Person können fallengelassen werden, denn hundertprozentig gelingt sowieso nie alles.

Fangen wir also an damit, uns als wahre Optimisten zu bezeichnen und aus dieser Haltung heraus zu kommunizieren. Mir ist im Seminaralltag aufgefallen, dass die Quote von deutschen Schwarzmalern enorm hoch ist. Möglicherweise handelt es sich um eine Mentalitätsfrage. Eine Art Volkskrankheit der Deutschen, die uns – provoziert durch einen enormen Hang zum Perfektionismus – in vielen Bereichen des Lebens negativ vorprogrammiert: »Das schaffst du nie!«, »Andere können das viel besser!« Es reicht immer alles nicht. Diese Schwarzseher wissen schon vorher, dass sie eine schlechte Rede halten, Worte fehlen und es Pleiten, Pech und Pannen gibt. Mit jeder Pore strahlen sie diese pessimistische Grundhaltung aus. Sie drängen dem unbedarften Gegenüber ihre Leidensgedanken auf und schaffen eine Atmosphäre des Scheiterns. Im schlimmsten Fall weisen Redner sogar extra darauf hin, dass gerade etwas falsch läuft, obwohl es kein anderer bemerkt hätte. Es darf einfach nicht rund laufen! Das Adaptionsniveau fürs Gelingen liegt bei Schwarzmalern in unerreichbarer Höhe, und auch bei Bestleistung wird es schiefgehen.

Ada beschreibt im Rhetorik-für-Frauen-Kurs folgende Problemlage: »Ich habe von meiner Arbeitgeberin ein Angebot erhalten, dass ich vom nächsten Halbjahr an Workshops geben soll. Aber ich merke schon wieder, dass ich da innerlich noch überhaupt nicht stehe. Meine Chefin traut mir das zu, denn sonst hätte sie mich nicht gefragt. Ich selbst stehe mir im Weg und das schon seit Jahren. Solche Weiterentwicklung im Job werde ich niemals annehmen können, weil ich mich nicht traue, vor fremden Leuten zu sprechen. Diese Situation ist so negativ besetzt für mich. Vor Kollegen ist das kein Problem, das mache ich ständig, aber vor Fremden – das klappt nicht. Ich schäme mich bei solchen Gelegenheiten in Grund und Boden. Komme mir vor wie ein Clown mit roten Ohren und glühend heißem Gesicht. Ich habe jetzt schon Lampenfieber und weiß, dass das schiefgeht.«

Während sie spricht, mehren sich hektische Flecken auf Adas Hals und ihre Stimme zittert. Welche Überwindung es sie gekostet haben muss, an diesem Kurs teilzunehmen, ist ihr deutlich anzusehen. Als ersten persönlichen Erfolg kann sie für sich verbuchen, dass sie sich zu diesem Training angemeldet hat und über ihre Ängste und bisherigen Vermeidungsstrategien spricht.

Als souveräne Teamplayerin arbeitet Ada seit vier Jahren erfolgreich in einer Modedesigner-Agentur, ist hochgeschätzt und hat schon mehrfach Beförderungsangebote ausgeschlagen. Sehr zur Freude anderer Kollegen. An der nun bevorstehenden bundesweiten Kampagne, zu der auch die Workshops gehören, kommt Ada nicht so leicht vorbei. Die Chefin geht davon aus, dass dieser Aufgabenbereich von

Ada übernommen wird. Das Gehaltsgespräch steht bevor, und Ada erhofft sich, ihre Angst vor dem Scheitern zu überwinden und das Reden vor Fremden im geschützten Seminarraum erfolgreich zu üben. Die Modedesignerin braucht dringend mehr Vertrauen in die eigenen Kompetenzen, doch bevor das für sie möglich ist, muss sie sich ihren rhetorischen Mankos stellen. Sie spricht über ihre Redeangst, wenn sie vor größeren Gruppen redet und darüber, dass es keinen Funken von positiver Energie für sie gibt, weil alles immer wegen des lähmenden Lampenfiebers schiefgeht.

Nach Adas Wortbeitrag ist es mitfühlend still im Seminarraum geworden. Sie scheint ein Thema angerissen zu haben, dass auch einige der anderen Teilnehmenden in diesen Kurs getrieben hat: Lampenfieber und negative Gefühle in exponierten Sprechsituationen. Ich bedanke mich bei ihr für die offene und ehrliche Selbstanalyse.

Der erste Schritt ist getan. Sich nicht weiter wegdrücken. Bisher hat die Modedesignerin es erfolgreich geschafft, Situationen zu vermeiden, in denen sie versagen könnte. Diese Ausweichstrategie hat dazu geführt, dass es für sie immer schwieriger wird, sich in die erste Reihe zu trauen und sich ihrem Lampenfieber zu stellen. Stattdessen alles schwarzzumalen, ist eine billige Masche, mit der wir uns selbst betrügen und belügen. Wir weichen aus, akzeptieren unseren Makel als unabänderliches, negatives Stigma, reihen uns bequem in die Gruppe der Situationsvermeider-Typen ein und merken gar nicht, dass es dadurch immer schwieriger wird zu kommunizieren.

Da hilft ein Blick auf Menschen, denen es ähnlich ergeht, die aber erfahren haben, woran es liegt, dass sie ein Scheitern befürchten. Die Autorin Bertha von Suttner beschreibt es in ihrer Biografie sehr treffend. Bertha von Suttner hat von 1843–1914 gelebt und war die erste Frau, die den Friedensnobelpreis erhielt. Sie litt massiv an Lampenfieber. Trotz ihrer Redeangst hat sie sich in einer damals sehr männlich geprägten Welt mit ihren Themen durchgesetzt. Sie war eine wichtige Wegbereiterin der Friedensbewegung und ihrer Zeit als emanzipierte Frau weit voraus. Ihr Erfahrungsbericht liefert eine brandaktuelle und treffende Beschreibung zum Thema Lampenfieber und zeigt, welche einfachen Erkenntnisse es braucht, um Schwarzmalereien als selbst gemachte Koketterie zu entlarven:

»Lampenfieber ... das war ein Zustand, an dem ich ja im Leben krampfhaft gelitten hatte. Wenn ich in den Duprezschen Schülerproduktionen oder später in Konzerten oder auch nur vor zwei, drei Sachverständigen vorsingen sollte, da hatte mich stets – auch nach langer Gewohnheit – der Dämon ›trac‹ an der Kehle gepackt und mich unter unsäglichem moralischem Angstgefühl der Hälfte meiner Mittel beraubt. Und jetzt sollte ich – zum ersten Mal im Leben – auf einem Weltkongress, in Anwesenheit von Staatsmännern, in so feierlicher Versammlung, an solchem Orte – das Kapitol! – eine öffentliche Rede halten, deren Wortlaut von den Zeitungskorrespondenten aller Länder stenographiert und hinaustelegraphiert würde. Man sollte glauben, dass sich nun der besagte Dämon auf mich hätte stürzen müssen, um mich jämmerlich zu würgen. Nichts davon. Ganz ruhig, unbefangen, freudig, gehoben sagte ich, was ich zu sagen hatte, und stürmischer Beifall folgte meinen Worten. Die Sache erklärte ich mir so: *Lampenfieber ist eine Begleiterscheinung der Eitelkeit,* eine zittrige Frage an das Schicksal: Wie werde ich gefallen? Mit dem ganzen Nachdruck auf der Silbe ›ich‹. Hier, auf dem Kapitol, unter Dienern und Dolmetschern einer Weltsache, war ich Nebensache! Ich hatte etwas zu sagen, das mir als wichtig erschien und von dem ich wusste, dass es den Gleichgesinnten, die mich umgaben, eine willkommene, erfreuliche Botschaft sein würde; wer es sagen und welchen persönlichen Eindruck meine unbedeutende Person hervorbringen würde, dieser Gedanke kam mir gar nicht zu Bewusstsein, und so sprach ich völlig angstlos, mit der Sicherheit eines Boten, der bestimmte und frohe Nachrichten mitzuteilen hat ...«

Was für ein einfacher Trick, damit aufzuhören, den anderen Menschen gefallen zu wollen. Jede noch so schlimme Situation fühlt sich besser an, wenn wir uns klarmachen, dass wir nur austauschbare Botschafter und Botschafterinnen sind. Unsere Person ist unwichtig und nur ein Transportmittel für die Inhalte. Wer es schafft, sich trotz körperlicher Stresssymptome von seinen Botschaften tragen zu lassen, wird durch diese Begeisterung für die Inhalte das Publikum mitreißen. Die negativen Begleiterscheinungen exponierter Situationen sind zwar nicht weg, werden aber nicht noch zusätzlich wichtig und sind zumindest akzeptiert. Wer die selbstbespiegelnde, negative Brille absetzt und körperliche Aufregungszustände als begeistertes Engagement umdeutet, ist auf dem richtigen Weg, derartige Ängste (ich spreche hier nicht von Panikattacken) zu überwinden. Wer unangenehme Situationen durchsteht und dabei auftauchenden körperlichen Stress einfach mutig zulässt, gibt sich selbst die Chance, sich an derartiges »Fieber« während des Sprechens zu gewöhnen. Ähnlich wie Bertha von Suttner es in ihren Aufzeichnungen beschreibt. Frau von Suttner stellte sich auf die Bühne und lenkte sich durch ihren »Kampfgeist für die Sache« ab. Solche Ablenkungen, die weg von den prophetischen und schwarzseherischen Gedanken führen, müssen nur gefunden werden.

Hier ein paar Stärkungssätze für Ihren Mut, Redesituationen trotz persönlicher Schwächen oder Ängste nicht weiter auszuweichen:

- Was soll schon passieren? Ich mach das jetzt einfach und bin, wie ich bin, ohne Bewertungsbrille. Und ich bin freundlich zu mir.
- Ich kriege das hin, und die anderen brauchen meinen Redebeitrag/meine Expertise. Es geht um die Sache und nicht um mich ...

74

Solche Sätze oder Glaubensformeln vertreiben den Stress. In Kapitel 7 erfahren Sie noch mehr Easy Tricks, wie Sie Aufregungszustände minimieren können.

Flucht, Kampf oder Totstellen?

Eine negative Nabelschau befeuert Lampenfieber. Und auch das Fokussieren mit negativem Blick auf andere störende rhetorische Besonderheiten lässt einen Redner nur noch schlimmer darunter leiden. Schauen wir uns doch mal ganz nüchtern an, was Lampenfieber überhaupt ist und warum viele Menschen diesen Zustand so negativ empfinden und bewerten.

Der Begriff Lampenfieber leitet sich vom französischen Wort »fievre de rampe« ab. Was so viel heißt wie Rampenfieber. Seit Mitte des 19. Jahrhunderts ist diese Bezeichnung im Theaterjargon ein gängiger Begriff für Bühnenangst. Wenn die Lampen auf der Bühne angehen, fühlen sich die Darsteller so, als würde bei ihnen ein leichtes Fieber ausbrechen. Es gibt noch eine andere Herleitung des Begriffs, die eher technischer Natur ist. Sie zielt darauf ab, dass die Gaslampen, die früher auf der Theaterbühne für Licht sorgten, die Darsteller durch ihre Hitze regelrecht zu Schweißausbrüchen trieben. Dies wirkte sich ungünstig auf das Spiel der Darsteller aus.

Zum Glück steht beim Workshop, den Ada demnächst leiten soll, keine hitzige Gaslaterne im Raum. Auch besteht bei diesem Angebot keine tödliche Gefahr. Von Lampenfieber geplagte Menschen sind überlebensfähig, auch wenn plötzlich das Herz rast, die Hände zittern, Finger schweißig werden, sich das Gesicht rot färbt, die Knie zittern, die Feinmotorik versagt, alles vor den Augen verschwimmt ... Es handelt sich hierbei um physiologische Prozesse. Eine Situation wird als negativ bewertet, und deshalb bereitet sich

75

unser Körper auf Kampf, Flucht oder Totstellen vor. Bei dieser Vorbereitung pumpen Nebenniere und Gehirn zwei Hormone in den Blutkreislauf: Adrenalin und Noradrenalin – die sogenannten Stresshormone. Sie blockieren den Denkimpuls im Gehirn und bereiten den Körper auf Höchstleistung vor. Höchste Körperkonzentration wird angeregt, um einen plötzlichen Angriff abzuwehren und schnell fliehen zu können. Alles was die Stresshormone da in Bewegung setzen, passt nicht zur Redesituation, denn diese stellt nüchtern betrachtet nicht wirklich eine Bedrohung dar.

Was kann schon passieren? Müssen wir fliehen, wenn etwas peinlich ist, jemand uns auslacht oder meint, es besser zu können oder zu wissen? Warum sollten wir schlecht präsentieren, falsch argumentieren oder vor Prüfungsfragen wegrennen? Ist es nicht besser, immer mal wieder eine »rhetorische Prüfung« zu bestehen, damit wir uns daran gewöhnen und unser Körper trainiert, mit der Ausschüttung von Stresshormonen besser umzugehen? Sich der negativ bewerteten Situation zu stellen und zu erkennen, dass am Ende alles gut ausgehen kann, bringt Sie weiter und lässt Sie einen Redestil finden, der vielleicht aus bewusster Pausensetzung und tiefen Atemzügen besteht. Es ist auch überhaupt nicht schlimm, wenn andere Menschen Ihnen anmerken, dass das Sprechen vor oder zu anderen nicht Ihre Lieblingsbeschäftigung ist.

Ein bisschen Adrenalin macht wach und sorgt dafür, dass wir in Bereitschaft sind. Zu viel Adrenalin hat den Effekt, dass der Sprechdenkprozess gehemmt ist und die Feinmotorik leidet. Das führt dann zum Beispiel beim ersten Rendezvous dazu, dass das Essen überall landet, nur nicht wie geplant im Mund oder dass Notizen auf dem Stichwortzettel vor den Augen verschwimmen. Zwischen den meisten Nervenzellen gibt es keine elektrischen, sondern chemische Verbindungen – die sogenannten Neurotransmitter. Sie sind Botenstoffe des Nervensystems. Erreicht ein Signal das Ende einer Nervenzelle, werden Neurotransmitter ausgeschüttet, die zur anderen Zelle fließen. Treffen sie dort auf den Botenstoff Adrenalin, werden die Synapsen auskristallisiert und bei der Verbindung der Botenstoffe entsteht eine Hemmung oder auch Lähmung. Das wiederum führt dazu, dass der Redner oder die Rednerin nicht mehr in der Lage ist, den gewünschten Gedanken beim Sprechen zu erfassen. Dies wäre in einer Wohlfühlsituation problemlos möglich, doch unter durch mich selbst als negativ bewerteten Umständen entstehen Formulierungsprobleme, Worte werden vergessen und der Denkprozess lahmgelegt. Mehr dazu in den Kapiteln 6 und 7.

Ein Szenario, das einem Schwarzmaler gut gefällt.

Abhilfe schafft ein wirklich einfacher Trick: Versuchen Sie zu lächeln und zumindest so zu wirken, als wäre alles okay mit Ihnen. Die inneren hormonellen Prozesse sieht Ihr Gegenüber nicht. Durch ein sympathisches Lächeln erzeugen Sie eine Aktivierung von Nervenpunkten, die eine innere Wohlfühlatmosphäre schaffen und suggerieren, dass alles nicht so schlimm sein kann. Stellen Sie sich einfach vor, Sie genießen alles –, egal was passiert.

»Ich bin keine Rampensau und froh, wenn ich durch bin mit meinem Redebeitrag. Ich mag das nicht. Das stresst mich, und da ist mir nicht zum Lachen zumute«, wirft eine Teilnehmerin ein, als ich den einfachen Lächeltipp zu Selbstregulierung empfehle.

Selbstverständlich muss sich niemand zwangsläufig in eine lächelnde »Rampensau« verwandeln. Es heißt auch nicht, dass Sie nur noch als grinsende Frohnatur durch die Gegend laufen müssen. Wer mit einer positiven Grundeinstellung in die Welt blickt, umgeht im Idealfall eigene negative, innere Blockierungen und wirkt zumindest äußerlich entspannt und signalisiert neugierige Offenheit. Wir vergessen vor lauter negativen Gedanken leider, wie viel Einfluss ein entspanntes Lächeln auf das weitere Gelingen einer Kommunikationssituation hat und das Geschehen steuern kann.

Besser: Gelassen und positiv trotz innerer Blockaden
Es besteht keine Gefahr für Leib und Leben, auch wenn unser Hormonspiegel sich darauf vorbereitet. Mir ist klar, dass nicht jeder Mensch von Haus aus ein Optimist ist, aber eventuell haben inzwischen einige Pessimisten erkannt, dass die viel bessere Lösung darin besteht, einen Redestil aus einem wahren Optimismus heraus zu pflegen. Dafür reicht ein wenig Laissez-faire und eine zugewandte, gelassen positive Einstellung. Diese entspannte innere Haltung strahlen Sie über Ihre nonverbalen Signalen aus, sorgen so für Selbstberuhigung und wühlen nicht das Publikum oder den Gesprächspartner durch Selbstdemontage auf. Wer sich trotz innerer Blockaden traut, zuversichtlich in die Welt zu schauen, wird andere davon abhalten, auf Schwachstellen zu achten oder Skepsis aufkommen zu lassen. Empathie zeigen und auch spüren, funktioniert wie ein Selbstcoaching.

Wenn es hart auf hart kommt und es schwärzer nicht werden kann, können Sie der schlimmsten sich abzeichnenden Katastrophe auch gern mit Humor begegnen. Wer Humor – auch in Form von Selbstironie – zeigt, signalisiert Selbstsicherheit, auch wenn Ihnen nicht wirklich zum Lachen zumute ist.

Ständig über Unzulänglichkeiten nachzudenken und mit Angstschweiß auf den nächsten Fehler zu warten, ist wesentlich anstrengender, als einfach mal darüber zu lachen. Und mal ganz ehrlich. Es stimmt doch, was Bertha von Suttner schreibt. Oft liegt eine versteckte Eitelkeit hinter dem Kokettieren über die bevorstehenden Katastrophen, die gleich alle passieren werden. Wer sich klarmacht, dass die Zuhörer uns gar nicht so viel Aufmerksamkeit schenken und wir als Person nicht unter der Fehlerlupe liegen, sondern frei agieren können, nimmt schon mal eine Menge Druck raus. Sie kennen es sicher aus der Zuschauerperspektive, welche Wohltat es ist, wenn Missgeschicke passieren. In solchen Momenten sehen wir einen Menschen mit Persönlichkeit, der nicht aalglatt gebügelt redet, sondern authentisch wirkt und nicht zweifelhaft versucht, alles richtig zu machen. Ein wahrer Optimist spricht und steht zu sich selbst. Schiefgelaufene Augenblicke bleiben in Erinnerung und sind sympathische Ungeschliffenheiten, in denen es menschelt. Mehr zu ungeplanten Überraschungsmomenten in Kapitel 9.

*Mut*ig Trauen – *Tap*fer *T*un – *Positi*ve Situatio*n* ist die Formel für wahre Optimisten: MUT – TAT – POSITION. Springen Sie über Ihren Schatten und trauen Sie sich mehr zu, es muss nicht perfekt sein und wird trotzdem nicht schlecht enden. Drücken Sie sich nicht davor, schöngefärbt mitzureden. Wer alles unbegründet schieflaufen sieht, verpasst viele Gelegenheiten, um am eigenen Scheitern zu wachsen.

Easy Tricks gegen negative Vorannahmen und Ausweichmanöver beim Sprechen

- *Stärkungs-Formeln* (aus Schwarz mach Weiß!)
  - → Was soll schon passieren?
  - → Ich mach das jetzt einfach und bin, wie ich bin!
  - → Ich bin freundlich zu mir und bewerte mich nicht.
  - → Ich kriege das hin!
  - → Die anderen brauchen meinen Redebeitrag/meine Expertise. Ich weiß sehr viel mehr.
  - → Es geht um die Sache und nicht um mich ...
- *Perspektivwechsel* mit Glaubenssätzen zur Stärkung der inneren Haltung:
  - → »Ich bin begeistert, dass alle mir zuhören!« ersetzt »Ich habe Angst zu sprechen.«
- *Lächel-Trick* (zur Selbstregulierung)
  - → Aktivierung von Nervenpunkten, die eine innere Wohlfühlatmosphäre schaffen (Ausschüttung von Dopamin)
  - → Abbau von Stresshormonen
  - → Humor wirkt wie Medizin auf die Seele und das eigene Wohlbefinden (alles nicht so schlimm!)
- *MUT – TAT – POSITION-Formel:* **Mu**tig **Tr**auen – **Ta**pfer **Tun** – **Posi**tive **Situation** ist die Formel für die wahren Optimisten, die gegen Schwarzmalerei hilft:
  - → Keine Angst vor der eigenen Courage, es geht nicht um Leben und Tod. *Mutig trauen* ist der erste Schritt.
  - → Es muss nicht perfekt sein, wenn Sie authentisch sind beim *tapferen Tun*, haben Sie den zweiten Schritt gesetzt.
  - → Mit gestärkter innerer Haltung starten Sie in eine *positive Situation* und zeigen im dritten Schritt eine klare Position.

- *SCHLUSS mit der s–o–s-Formel*
  (schwarz-oder-schwarz-Formel):
  → s – »self-fulfilling prophecy« (das selbst erfüllende Pro-
    phezeihungs-)Phänomen, sonst bekommen Sie noch
    einen Blackout, obwohl sie alles wissen ...
  → o – oh, wie sehe ich heute aus, oh, ich hätte doch
    etwas anderes anziehen sollen ..., sonst vergessen Sie
    vor lauter kokettierenden Eitelkeiten und Selbstrefle-
    xion noch, was sie sagen wollten ...
  → s – schwarzsehen und alles negativ bewerten, sonst
    befüttern Sie Lampenfieber, das mit positiver Grund-
    haltung gar nicht entstanden wäre ...

Meine Easy Tricks gegen Schwarzmalereien:

....

....

....

....

....

....

....

....

....

....

....

....

....

Easy Trick 5

Mit wem spreche ich wo? – Die Sprechsituation sicher vorüberlegen

Können Sie sich daran erinnern, wie häufig Sie sich in Ihrem Leben als Person vor anderen Menschen vorgestellt haben? Es fängt spielerisch bereits im Kindergarten an und hört bei manchen Menschen bis ins hohe Alter nicht auf. Und dennoch flößen Vorstellungsrunden oder Begrüßungssituationen unwohle Gefühle im Körper und unnötige Gedanken im Kopf aus. Vielleicht liegt es daran, dass der Inhalt, über den wir sprechen, unsere eigene Person ist. Ich verbringe halbe Seminartage damit, Frauen und Männern immer wieder die Gelegenheit zu geben, sich als Persönlichkeit vorzustellen. Dafür wechseln wir die Situationen. Mal stellt sich eine Teilnehmerin als neue Projektleiterin auf der ersten Teambesprechung vor, mal ist es eine Begrüßungsansprache auf einem Firmenevent oder die Kennenlernrunde beim Verein, auf der Fortbildungsveranstaltung, mit den neuen Nachbarn, auf dem Elternabend.

Wenn der situative Rahmen wechselt, ändert sich der Inhalt, auch wenn es nach wie vor darum geht, dass ich mich als Person anderen Menschen vorstelle. Je klarer Sie im Vorfeld bedenken, wozu und vor wem Sie über sich sprechen, desto sicherer werden Sie die Inhalte auswählen, die für diese Menschen jetzt gerade wichtig sind. Wie oft fällt aus Gewohnheit der Satz: »Ich möchte mich kurz vorstellen ...« Das ist keine kluge Formulierung, wenn Sie sich als neue

Chefin oder neuen Chef der Belegschaft vorstellen. In solch einer Situation geht es darum, dass Sie sprachlich sicher vermitteln, in welcher Funktionsrolle Sie sprechen. Sie können private Dinge über sich erzählen, aber überlegen Sie vorher genau, wozu Sie darüber sprechen. Unnötige Verlegenheitssätze, die mit Möglichkeitsform und einem »kurz« eine Situation eröffnen, verschwinden automatisch, wenn wir überlegt in Situationen starten. Wie viel und vor allem was wir von uns preisgeben, richtet sich immer nach dem situativen Kontext. Wir begegnen im Alltag ständig fremden Menschen und müssen uns diesen zum Glück nicht jedes Mal vorstellen. Es wäre schon komisch, sich der neuen Bäckersfrau als Kundin vorzustellen, bevor wir Brötchen, Brote oder Kuchen bestellen.

»Was und worüber du zu wem sprichst, das überlege dir reiflich.« Dieser Tipp des Philosophen Platon ist, wie so viele Anregungen aus der griechischen Antike, für einen souveränen Redestil äußerst wertvoll. Wenn ich mir vorab nicht nur die erforderlichen Inhalte (was und worüber) sowie die anwesenden Personen (ich zu wem) vorstelle, sondern mir auch gleichzeitig immer bewusst bin, »wo« (Ort der Situation) und »wann« (Zeitpunkt der Situation) ich spreche, stärkt das mein Verhalten und gibt mir Sicherheit. Ein guter Anker, um sicher zu wirken, ist immer ein Hinweis auf den Ort des Geschehens (wo) oder die Zeit (wann). Niemand erwartet in Vorstellungssituationen von Ihnen von der ersten Sekunde an, dass Sie alles über sich erzählen. Eine kleine Plauderei über die Örtlichkeit oder den Zeitpunkt eines Gespräches baut Stress ab. So schaffen wir Möglichkeiten, über etwas zu reden und eventuell sogar indirekt etwas über uns zu sagen.

Stellen Sie sich vor, Sie haben sich bei einer namhaften Firma als Grafikerin beworben und wissen, dass Sie eine Bewerberin von vielen sind. Sie stehen sowieso schon innerlich unter Druck, weil Sie die Stelle unbedingt haben wollen. Mit solchen Gedanken halten Sie sich innerlich klein.

Konzentrieren Sie sich, sobald Sie das Gebäude der Firma betreten, auf den Ort des Geschehens. Außenblick statt Innensicht. Menschen, die – egal in welcher Lage – Außenreize einfangen und bewerten können, wirken sicher. Wer offen für die Umwelt ist und es auch in herausfordernden Situationen bleibt, wird von anderen als Person wahrgenommen, die mit sich und der Welt im Reinen ist. Das funktioniert auch für zurückhaltende Redner. Es ist nichts weiter zu tun, als aufmerksam wahrzunehmen und nicht auszuweichen. Plötzlich haben Sie für die Sprechsituation »Smalltalk-Material«, über das Sie sprechen können und starten vielleicht mit Sätzen wie diesen in ein Vorstellungsgespräch: »Die Fotografie im Eingangsbereich Ihrer Firma, ist die mit Lasertechnik geplottet? Ich hätte nie gedacht, dass ein Motiv durch eine Vergrößerung so starke Farbwirkung erzeugt.« Sie signalisieren, dass Sie aufmerksam und interessiert an den Angeboten der Firma sind und sich mit grafischen Details auskennen. Das darf natürlich nicht zu aufgesetzt wirken. Trainieren Sie, beiläufig Ihre Haltung und Meinung zur Umwelt kundzutun. So müssen Sie nicht gleich »liefern« und über Ihre Qualifikationen für den Job sprechen. Sie starten lebensnah, smalltalkig und echt in ein Gespräch. Diese offene Haltung hilft Ihnen dabei, die Situation bewusst zu steuern und nicht selbstreflektierenden, introvertierten Gedanken nachzuhängen (»Mache ich wohl alles richtig? Ich hätte doch lieber die andere Bluse anziehen sollen …«). Akzeptieren Sie vorab, dass Sie zum Gespräch eingeladen worden und damit bereits klar ist, dass ein Interesse an Ihnen und Ihrer Fachkompetenz existiert.

Mit einem Augenzwinkern

Viele Menschen tun sich schwer damit, in einem fremden Rahmen etwas über sich preiszugeben. Alle Augen richten sich auf die eigene Person und provozieren einen – häufig selbst verursachten – Erwartungsdruck. Die Leichtigkeit des Seins schwindet, und es entsteht ein Selbstpräsentationszwang, gekoppelt mit dem Anspruch, jetzt bloß nichts Falsches zu sagen. Nur wenige kommen in so einer Situation darauf, einfach spielerisch und locker Sätze zu sagen wie: »Neulich hat meine Kollegin über mich gesagt: Hanna, du bist in unsere Firma wirklich das Markenzeichen für Unermüdlichkeit!« So eine Formulierung löst den selbst gemachten Druck innerhalb von Sekunden auf. Sie sprechen nicht mehr im Rampenlicht der gequälten Peinlichkeit über sich selbst, sondern lassen andere Menschen aus Ihrer biografischen Vergangenheit etwas über Sie sagen.

Wer nicht zu persönlich werden möchte und durch Fragen wie »Was sind Ihre Schwächen?« aus dem Konzept gebracht werden möchte, nutzt den Easy Trick und beginnt die Antwort mit Sätzen wie: »Andere sagen über mich ...« (Vogelperspektive) oder »Um diese Frage zu beantworten, ist der Kontext enorm wichtig und die Perspektive ...« (Bewertungsebene). So schaffen Sie es sprachlich, das Gespräch nicht zu persönlich werden zu lassen. Sie antworten beschreibend distanziert und wirken gut vorbereitet. Sie müssen sich nicht selbst erklären für andere, es geht nur darum zu zeigen, dass Sie der Situation gewachsen sind und authentisch bleiben. So nutzen Sie rhetorische Optionen, um überlegen zu wirken und fühlen sich beispielsweise aufgehoben in einer geschützten Erzählung aus Ihrer Vergangenheit, die Sie sich in Ruhe vorher überlegen können. Sie liefern Unterhaltungsstoff und zeigen einen Funken von Selbstironie und Selbstoffenbarung. Keine Angst davor, zu viel von sich zu offenbaren, das haben Sie selbst in der Hand. Wer mit einem Augenzwinkern über sich sprechen kann, hat die Souveränitätskarte bereits gezogen.

Das Situationsmodell

Einen angemessenen und zur situativen Atmosphäre passenden Redestil werden die Menschen finden, die sich vor dem Start in eine Situation folgende Frage gestellt und detailliert beantwortet haben: »Wie sage ich, was ich meine, sodass andere es hören und verstehen, damit wir gemeinsam handeln können?«

Diese Fragestellung beinhaltet alles, was Kommunikation ausmacht. Formuliert hat sie Hellmut Geißner, ein renommierter Sprecherzieher, der ausgehend von dieser Frage ein Modell entwickelt hat. Er nennt es das Situationsmodell und beschreibt darin, wie wichtig es ist, sich vor dem Sprechen darüber klar zu sein, in welchem situativen Kontext gesprochen wird. Das Modell erklärt einfach und logisch die Zusammenhänge von Kommunikationsprozessen. Es sensibilisiert dafür, Situationen besser einschätzen zu können und die Wahrnehmungsfähigkeit zu steigern. Redner vergrößern mit Hilfe der W-Fragen ihr Radarfeld, richten ihre Scheinwerfer neu aus und klären für sich immer neu die Hauptfrage: »Wie sieht die Situation aus, in der ich sprechen werde, und welche Konsequenzen ergeben sich daraus für meinen Vortrag/mein Gespräch und die gewählte sprachliche Struktur?«

Geißners Situationsmodell beruht auf seinen langjährigen Arbeiten im Bereich der Sprechwissenschaft, die sich mit der Entwicklung, der Erziehung und dem Training eines richtigen rhetorischen Sprechens beschäftigten. Sein Modell besitzt einen eher praktischen Nutzen. Die Idee dahinter ist, dass gelungene Kommunikation nur dann entsteht, wenn alle Beteiligten ein (stilles) Einverständnis über die Kommunikationssituation erzielt haben. Nur wenn allen klar ist, wer, wann, warum usw. mit wem redet, kann man von wirklicher Kommunikation reden.

Die Beantwortung folgender einfacher Leitfragen zu den einzelnen Faktoren des Modells macht Sie stark und sicher. Denn Sie klären im Vorfeld für sich, worauf es in diesem Gespräch, Vortrag oder Ähnliches wirklich ankommt, was hier nichts zu suchen hat und wovon Sie sich sprachlich abgrenzen sollten.

Leitfragen zur Sprechsituationsanalyse (angelehnt an H. Geißner):

Wer: Name, Rolle, Funktion, Rang und Hintergrund des Sprechenden
- In welcher Rolle spreche ich?
- Wie stehe ich zum Thema/zum Publikum beziehungsweise Gesprächspartner?
- Welche Haltung habe ich?
- Welche fachlichen Voraussetzungen bringe ich mit?

Mit wem: Name, Rolle, Funktion, Rang und Hintergrund der Empfänger (Zielgruppe)
- Mit wem spreche ich? Wer ist meine Zielgruppe?
- Welche kognitiven Voraussetzungen, welches Vorwissen bringen die Zuhörenden mit?
- Wie sind sie mir und dem Thema gegenüber emotional eingestellt?
- Welche Erwartungen, Vorbehalte, Befürchtungen, Einwände bringen die Zuhörenden mit?
- Was interessiert die Zuhörenden am Thema?

Wer zu Wem:
- In welcher Beziehung stehe ich zum Publikum (zum Beispiel symmetrisch/komplementär; vertraut/fremd; angespannt/entspannt)

Worüber: Thema in allen Dimensionen/Ebenen (Sachverhalte, Probleme)
- Was sind die Inhalte meines Vortrages/dieses Gespräches?

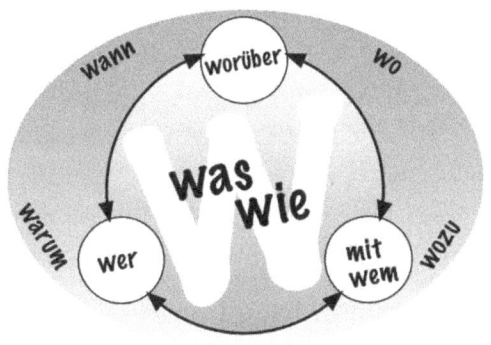

*Situationsmodell nach Hellmut Geißner
(1988), eigene Darstellung*

- Hat der Inhalt eine Brisanz/Relevanz/Aktualität?

Warum: Grund, Anlass, Motiv und Motivation, erkenntnis-
leitendes Interesse, Erwartungen
- Was ist der Anlass für meinen Vortrag, dieses Gespräch?
- Welche Motivation habe ich?
- Warum ist das Thema für meine Zuhörenden relevant?

Wozu: Absichten, Ziele, handlungsleitendes Interesse
- Was ist mein Redeziel, mein handlungsleitendes Interesse? Was will ich mit dieser Kommunikation bewirken
bzw. auslösen?
- Will ich überzeugen, informieren, meine Meinung
kundtun, unterhalten oder eine bestimmte Stimmung
erzeugen?

Was: Aussagen, Fragen, Texte
- Welche Auswahl muss ich bezüglich des Redematerials
treffen?

- Was genau sage ich zum Thema, auf was kann/soll ich verzichten?

Wie: Rhetorische Mittel, Erklärungsansätze
- Welche sprachliche Ebene wird erwartet? (Fachsprache, Alltagssprache)
- Welche sprecherischen Aspekte sind angemessen? (Lautstärke, Sprechtempo, Prosodie)

Wo: Nicht nur der Ort, sondern auch die Frage, in oder aus welcher Distanz kommuniziert wird (E-Mail, Telefongespräch, persönliches Gespräch, Videokonferenzen)
- Welche räumlichen Bedingungen bestimmen die Sprechsituation?
- Welche Signale kann ich in der vorgegebenen Sprechsituation senden?

Wann: Nicht nur Zeitpunkt, sondern das, was vorausging beziehungsweise bei vergangener Kommunikation das, was darauf folgt. Die Verteidigungsrede eines Anwalts kann ich nur verstehen, wenn ich die Anklage kenne.
- Welche zeitlichen Bedingungen bestimmen die Sprechsituation? (zum Beispiel Uhrzeit, Länge/Zeitlimit des Vortrages, Besonderheiten des Tages/der Uhrzeit/des Jahres)

Während beim klassischen Sender-Empfänger-Modell, das in den 1940er-Jahren als Kommunikationsmodell von Claude E. Shannon und Warren Weaver entwickelt wurde, die Botschaft als ominöses, zu entschlüsselndes »Etwas« in einer Blackbox zwischen dem Sender und dem Empfänger liegt, beleuchtet Geißners Modell den gesamten Kontext des Kommunizierens. Es legt den Fokus nicht nur auf den Inhalt der Botschaft. Rahmende Fragen nach dem Ort, der Zeit, dem Anlass und dem Ziel können am Ende beziehungsweise vor dem Redeanfang einfache Rettungsanker sein, um sich selbstsicher in Situationen zu bewegen und authentisch das zu fokussieren, was für diese Unterhaltung wichtig ist. Müssen Sie gut gekleidet sein? Was wird von Ihnen erwartet? Was erwarten Sie? Sobald alle situativen *Erwartungs*fragen geklärt sind – und zwar im Vorfeld – ist ein bewusstes, im Idealfall genüsslich entspanntes Auftreten in einer authentischen *Ansprech*haltung möglich. Sie sprechen klarer und werden es vermeiden, missverstanden zu werden. Kommunikation ist sehr störanfällig, und deshalb ist es umso wichtiger, gesprächssteuernde Zusammenhänge vorab wahrzunehmen und zu hinterfragen.

»Wahrnehmung ist ein psychophysiologischer Prozess. Sie entsteht nicht in den Sinnesorganen, sondern im Hirn«, beschreibt Friedbert Steigerwald in seinem Buch »Psychologie, Soziologie und Pädagogik«. Wer die ganze Zeit darüber nachdenkt, was noch zu erwähnen wichtig wäre, und ob es in der Situation angebracht sei, oder darüber nachdenkt, wie sein Gesicht aussieht, wenn das jetzt gesagt wird ... beschäftigt sein Gehirn mit unnötigem, oft emotionalem Ballast und verpasst die momentane Wahrnehmung der Situation. Wer sich situationssicher bewegen kann, wirkt auf andere glaubwürdig und souverän. Solche Menschen haben das Hirn frei für andere Wahrnehmungen. Sie hinterfragen nicht parallel, während sie sprechen oder nonverbale Signale senden.

Sicher kennen Sie Menschen, die unmittelbar aus einer Gruppe herausstechen. Sie ziehen alle Aufmerksamkeit auf sich, wenn sie eine Bemerkung machen, und alle hängen gebannt an den Lippen und der charismatischen Aura, die diese Person ausstrahlt. Wie kann das sein? Und warum hört wiederum bei anderen Menschen keiner richtig zu, wenn sie das Wort ergreifen? Das liegt sehr häufig am Timing und der Klarheit, mit der Sprecher es gelernt haben, effektiv und vor allem relevante Wahrnehmungsprozesse zu steuern. Sie können schneller reagieren, sich freier in Räumen bewegen und psychophysiologische Prozesse im Gehirn besser verarbeiten. Wer es trainieren möchte, beim Sprechen schneller umzuschalten, kann das mit folgender Übung tun. Bei dieser Übung muss unser Gehirn ständig neu wahrnehmen und sortieren. Sie schärfen so ihre Sensibilität für situative Prozesse, bei denen sich ständig der Rahmen neu justiert.

Übung: Zipp – Zapp – Zumm

Für diese Übung sind mindestens fünf bis sechs Personen nötig – gern auch mehr –, mit denen Sie sich in einem Kreis aufstellen. Es geht darum, die Körperreaktion und die Konzentration auf das Geschehen im Raum zu üben. Alle Teilnehmenden haben folgende drei Silben zur Auswahl: Zipp … Zapp … Zumm. Jeder legt seine Hände kongruent aneinander und richtet die Fingerspitzen auf den Menschen im Kreis, zu dem er die Silbe sprechen möchte. Dabei gibt es eine wichtige, vorher festgelegte Regel beziehungsweise Vorgabe: Ein Zipp wird immer nur nach links gesprochen. Bei einem Zapp weisen die Fingerspitzen der Hände zu einer Person rechts, und bei Zumm zeigen die Hände zu einer Person in der Mitte. Diese Körperhandlung der kongruent aufeinanderliegenden Hände mit richtungsweisenden Fingerspitzen, kombiniert mit den verschiedenen Silbensignalen, die diese Bewegung autorisieren, stärkt die situative Wahrnehmungskompetenz.

Es gibt ähnliche Übungsszenarien mit Zahlen und Klatschen, bei denen Sie ebenfalls Sprechen und Bewegung koordinieren müssen. Probieren Sie gern auch folgende Übung aus: Wählen Sie das gleiche Setting wie für Zipp – Zapp – Zumm und lassen Sie eine Zahl vorklatschen (1–5), die anderen müssen diese Zahl nachklatschen. Also dreimal geklatscht bedeutet 3, und die Nachklatscher müssen sofort reagieren, sobald Ihr Händeklatschen zur besagten Reaktionsperson hingewiesen hat.

Mit der Beobachterbrille

Wem solche Spiele zu albern sind, kann sich bewusst vornehmen, mit der Beobachterbrille in die Situation hineinzugehen und sich bewusst Zeit zu lassen, bevor das Wort ergriffen wird. Bei Veranstaltungen oder im Alltag stellen Sie sich etwas abseits und beobachten die souverän agierenden und sprechenden Menschen. Das hat Ruth eine Zeitlang probiert. Ihr fiel es schwer, auf Veranstaltungen mit vielen Menschen und undurchschaubaren Hierarchien ihre innere Sicherheit zu bewahren. Sie konnte sich nicht gut orientieren, fokussieren, zwischen vielen Menschen bewegen und dann auch noch sprechen ...

Aus der Beobachterperspektive betrachtet entdeckte sie, dass bei Netzwerkveranstaltungen ein Muster besonders erfolgreich war, um sicher und selbstbewusst an bereits stattfindenden Gesprächen wichtiger Leute teilzuhaben und wahrgenommen zu werden: einfach mitreden, als hätte man schon stundenlang zur Gruppe gehört. »Wie Sie das beschreiben, das habe ich so noch nie betrachtet ...« oder »Genau wie Sie es sagen ...« oder »Endlich spricht jemand mal über ...« Solche Sätze gibt es zuhauf. Damit werden Sie sofort zum Bestandteil einer fremden Gruppe. Sie sind damit wesentlich erfolgreicher als mit einem schüchternen »Darf ich mich zu ihnen gesellen?« Knüpfen Sie mittendrin an, dann sind Sie dabei und unwohle Gefühle verschwinden, wenn Sie einfach mitreden. Wir hatten in Kapitel 3 bereits über Einstiegstypen gesprochen und über die unerwartete Allgemeinfloskel »Was für ein schöner Sonntag!«, die Joachim Gauck nach seiner Wahl zum Bundespräsidenten als Eisbrecher in einer staatstragenden Situation benutzt hat. Auf angsteinflößenden Großveranstaltungen, auf denen es um Sehen und Gesehenwerden geht, benutzt Ruth jetzt situationsadäquate Intro-Sätze, um wirkungsvoll und womöglich sogar unerwartet, ungewöhnlich auffallend wahrgenommen zu werden. Sie fokussiert sich dabei auf eine Person aus der Runde und startet, wenn sie zum Beispiel beobachtet hat, dass schwärmend über das Essen geredet wurde, mit einem positiven, bewertenden Satz: »Ich bin auf der Suche nach Kennern der gehobenen Küche. Habe ich da bei Ihnen vielleicht Erfolg?« So eine Ansprechhaltung kann als Türöffner dienen, um sich ins Gespräch einzubringen. Aber setzen Sie sich bitte nicht unter Druck. So nach dem Motto: »Jetzt muss ich aber endlich den Chef ansprechen.« Beginnen Sie lieber locker zu sprechen, nachdem Sie unauffällig zugehört haben, was die anderen reden, um dann mit Weitblick auf das eingehen zu können, was dem »zu wem« in diesem Moment gerade wichtig zu besprechen scheint (es könnte bei solchen Veranstaltungen eben auch das Essen sein).

Wer diesen Mechanismus erkannt hat, muss sich für manche, gern besprochenen Inhalte auch erst kundig machen, um sicher mitreden zu können und nicht weiter wegen Unkenntnis ausgeklammert zu werden. Eine Frau in hoher Position bei der Industrie und Handelskammer berichtet davon, dass sie sich ausgiebig und gezwungenermaßen in ihrer Freizeit mit Fußball beschäftigt hat, nachdem sie bemerkt hat, dass auf Events häufig – bedingt durch eine männerlastige Branche – Gespräche über Fußball ihre Teilnahme am Gespräch verhinderten. Sie fühlte sich ständig wie das fünfte Rad am Wagen, konnte nie mitreden und fühlte sich unbedeutend, ja regelrecht bewusst ausgegrenzt. Das hat sich inzwischen geändert, und sie geht mit den aktuellen Spielergebnissen und Teamneuheiten der Fußballsaison ins Meeting. Sie agiert inzwischen in einer Spitzenposition der Kammer und wird in jeder Situation als ebenbürtig registriert und wertgeschätzt als Kennerin jeglicher Materie.

Wenn Sie in einer bestimmten Funktionsrolle innerhalb einer Gruppe einen Vortrag über klar besprochene Inhalte halten, ist der situative Rahmen gesetzt. Diesen Umstand sollten Sie unbedingt gleich von Anfang an nutzen. Die meisten Menschen beginnen sofort, stolz ihre vorbereiteten Inhalte zu präsentieren. Das kann warten. Nehmen Sie sich ein Beispiel am ehemaligen Bundespräsidenten. Er startet gemütlich mit dem Wetterbericht. Das ist eine gute Idee. Durch Anfänge, die von rahmenden Örtlichkeiten, Zeitpunkten, Hauptanliegen und den Anwesenden, die diesen Vortrag gleich hören werden, handeln, wirken Sie situationssicher, auch wenn Sie gerade vor Lampenfieber am liebsten im Boden versinken würden. Klären Sie mithilfe des Situationsmodells alle wichtigen W-Fragen vorab. Sich von Anfang an sicher auf Bühnen zu bewegen, gelingt am einfachsten, wenn wir gleich zu Beginn das Publikum als Medium nutzen. Mit wem rede ich hier überhaupt? Klar geht es auch um den Inhalt des Vortrags, aber nichts ist schlimmer als ein abgespulter Monolog ohne Elemente dialogischer Kommunikation, die auf die vorgegebene Situation eingehen. Wir stehen nie im luftleeren Raum, sondern sind immer mit anderen Menschen in einer Redesituation. Wer sich gern wie ein Reh im Scheinwerferlicht fühlen möchte, kann das durch einen von Anfang an als Monolog vorgetragenen Inhalt tun. Das bewirkt allerdings meist schlimme innere Zustände und enorme Herausforderungen an Sie und Ihren verbalen und nonverbalen Redestil. Manchmal führt es dazu, dass wir uns mit einem Tunnelblick durch die Präsentationsinhalte wühlen, unsere Offenheit und Authentizität verlieren und schlussendlich am Publikum vorbeireden und keinen Bezug mehr zur Situation, in der wir sprechen, herstellen können.

Der situative Allroundblick

Wie wichtig es werden kann, den situativen Allroundblick zu wahren, zeigt folgendes Beispiel: Es ist kurz vor Beginn meines Rhetorikkurses zum Thema »Souverän auftreten in

Gesprächen«. Er findet als Abschluss einer Weiterbildungswoche zu den Themenfeldern Presserecht, juristische Fragen im journalistischen Kontext statt. An diesem sonnigen Freitag geht es für etwa 30 Journalisten von 9–13 Uhr um die Stärkung ihrer Softskills. Zentraler Veranstaltungsort für die Pressevertreter aus Nordrhein-Westfahlen, Niedersachen und Baden-Württemberg ist ein Hotel im Zentrum von Berlin.

Schon beim Einrichten der Technik fällt mir auf, dass hier andere Erwartungen bedient werden sollen, als mit mir im Vorfeld abgesprochen. Am Kopf eines in U-Form arrangierten Tischensembles steht ein riesiger Dozentenschreibtisch mit meinem Namensschild und ein ausladender Chefinnenstuhl. Es ist nicht mehr viel Zeit, bis es losgeht. Dennoch diskutiere ich mit der Seminarkoordinatorin darüber, ob wir den klobigen Dozententisch samt Namensschild an die Wand räumen können. Als Kommunikationstrainerin bin ich es gewohnt, vor Gruppen zu stehen und mich aktiv im Raum zu bewegen. Der kleine zusätzlich aufgestellte Laptoptisch reicht völlig. Wir räumen also um, während bereits die ersten Teilnehmenden mit Rollkoffern in den Seminarraum gerollt kommen. Aus dem Augenwinkel heraus beobachte ich, wie die Ankömmlinge immer mal wieder einen nervösen Blick auf die Uhr werfen. Routiniert werden die alten Plätze angesteuert, auf denen an den übrigen Tagen der Woche konsumiert, passiv rezipiert und notiert wurde. Die Gesichter der ersten Kursteilnehmenden wirken müde, und noch bevor es überhaupt losgeht, hängt ein unsichtbares Banner mit der Aufschrift: »Hoffentlich ist diese Woche bald vorbei und dieser Rhetorikkram auch!« über dem Kursgeschehen. Nicht gerade die besten Voraussetzungen, um in einen aktiven Austausch mit einer Gruppe von Menschen zu kommen. Bei den Vorabsprachen zu dieser Veranstaltung haben wir festgelegt, dass aufgrund der Gruppengröße und der Kürze der Zeit ein Vortragscharakter für das Training passend ist. Wir haben uns auf ein paar Praxisbeispiele auf Video verständigt, anhand derer ich unterschiedliche Kommunikationsmodelle und rhetorisches Handwerkszeug erklären werde.

Schon bevor wir starten, erscheint mir diese Planung unter den gegebenen Umständen vertane Liebesmüh zu sein. Ich werde gleich vor Menschen sprechen, die sich gedanklich bereits auf dem Rückflug befinden und alle wichtigen juristischen Fragen gestellt haben. Das Thema Rhetorik interessiert außer mir – so wie es momentan aussieht – niemanden. Ich ermahne mich, nicht alles so schwarzzumalen. Die Dame von der Planung verschwindet. Dann geht es auch schon los. Locker stelle ich mich vor und gebe einen Überblick über die Themen der Rhetorikschulung. Ein paar trübe, müde Blicke schweifen über mein Outfit. Einige tippen auf ihrem Handydisplay oder fingern am ausgedruckten Flugticket herum. Es gelingt mir nicht, eine Brücke ins Publikum zu schlagen. Ich bin froh, als ich endlich mein erstes Videobeispiel zum Thema Interviewführung zeigen kann. Zum Glück verschafft mir dieser fünfminütige Talkshow-Ausschnitt Zeit zum Umsortieren meiner Seminarkonzeption.

Wenn ich jetzt nicht flexibel mit der Situation umgehe und den gewohnten Präsentationsstil der bisherigen Fachvorträge aus den letzten Weiterbildungstagen aufbreche, werden die nächsten vier Stunden die furchtbarsten der gesamten letzten Wochen. Gestärkt durch diese Erkenntnis versuche ich statt der vereinbarten Absprache mit dem Auftraggeber aus der offensichtlich erwarteten fachlichen Vortragsrolle als Expertin für Rhetorik auszubrechen. Dafür reicht folgende direkte Ansprache an die Gruppe, als die Videoaufnahme zu Ende ist. »Damit wir hier gemeinsam keine potenzielle Lebenszeitverschwendung betreiben, dürfen Sie aktiv werden. Es ist Freitag, und Sie haben bereits viele Vorträge in dieser Woche gehört. Jetzt werden Sie zu Kommunikationsexperten. Wir analysieren gemeinsam die Videobeispiele. Ich habe Ihnen dafür drei grundlegende Kommunikationsmodelle mitgebracht, anhand derer wir diesen und weitere Videoausschnitte auswerten.« Alle starren mich erwartungsvoll an und lehnen sich gespannt nach vorn. Ich stelle mich mit drei Zetteln in die Mitte des Raumes und verteile auf jede Seite der in U-Form angeordneten Tische eines der Blätter. Dieser Aufruf zur Aktion wirkt Wunder. Von einer auf die andere Sekunde kommt Bewegung in den Seminarraum. Ich erkläre die ausgeteilten Seminarunterlagen, um dann einen Wortführer pro Tischseite zu bestimmen, der die Gruppenergebnisse der Analyse vortragen darf. Von gelangweilten Gesichtern ist keine Spur mehr zu sehen. Der Seminarraum ist wiederbelebt und dank dieser von mir gezogenen »situativen Notbremse« funktioniert die Vermittlung meiner Inhalte viel besser, denn alle sind beteiligt und die passive Konsumhaltung ist verschwunden. Ein Teilnehmer amüsiert sich immer noch über das Wort »Lebenszeitverschwendung« für die sich anbahnende Zusammenarbeit im Seminar.

Da habe ich noch mal die Kurve gekriegt beziehungsweise Glück gehabt, oder besser gesagt, ich habe einen einfachen Trick angewandt: Durch das souveräne Benennen der unpassenden Ausgangslage, in der alle gemeinsam stecken, löst sich die noch so hartnäckigste Fessel. Niemand muss sich so verbiegen und fügen, wie es auf den ersten Blick erscheint. Es gibt immer alternative Lösungswege in scheinbar festgefahrenen Situationen. Man muss sie nur spontan ergreifen oder zumindest benennen können. Ob dann schlussendlich alle danach handeln und Sie so aus der Sackgasse herausfinden, ist zumindest einen Versuch wert.

Die verbrachte Lebenszeit im Seminar mit den Pressevertretern war schlussendlich nicht verschwendet. Meine spontane Eingebung, die Kursinhalte methodisch anders zu vermitteln, war eine grandiose Idee und hat die Situation gerettet. Ich erinnere mich besonders gern an ein Gespräch mit einem Teilnehmer nach der Veranstaltung am Mittagstisch. »Das war richtig toll, dass wir die Videobeispiele in der Gruppenarbeit rhetorisch analysiert haben. Die letzten vier Tage waren anstrengend. So viele Vorträge mit Informationen zu rechtlichen Fragen. Die praktischen Übungen haben Spaß gebracht und waren ein schöner Abschluss. Danke dafür.« Ich antworte mit einem kurzen »Bitteschön!« und greife schnell nach meiner Jacke und verschwinde.

Situationen zu ertragen oder zu verändern, liegt in unserer Macht. Das gilt auch für Verhandlungssituationen. In Meetings mit komplexer Agenda und vielen zu diskutierenden Argumenten setzen sich oft Menschen mit ihren Positionen durch, die es länger aushalten, souverän wahrzunehmen, steuernd einzugreifen und im richtigen Moment das Passende zu sagen. Gehen Sie in solche Ausdauergespräche am Verhandlungstisch nie ohne alternative Ausstiegsstrategien im Hinterkopf. So befreien Sie sich aus festgefahrenen Situationen und treffen keine unüberlegten und falschen Entscheidungen, nur, weil Ihnen die Argumente ausgehen. Versuchen Sie es mit Ausstiegsstrategien statt Argumenten, ganz easy hier vier Möglichkeiten:

1. *Teilzustimmung* (»Da gebe ich dir in einem Punkt recht, doch ...«)
2. *Deine Sicht – meine Sicht* (»Aus deiner Perspektive ist das richtig gedacht, ich allerdings ...«)
3. *Metaebene* (»Ich fasse noch mal zusammen, wir wollen das nicht, das auch nicht ...«)
4. *Zweinigen* (nach Vera F. Birkenbihl): Wir sind uns in der Sache nicht einig, akzeptieren uns aber gegenseitig als nette Menschen)

Sie verhindern durch diese Sicherheitstipps, dass Sie sich fremdgesteuert positionieren müssen. So erreichen Sie es, dass die Gesprächssituation Sie inhaltlich nicht überfordert.

Sie reden weiter mit, und der Druck, neue Argumente aus dem Hut zu zaubern, verfliegt. Vertrauen Sie auf die gemeinsam erlebte Verhandlungssituation und sprechen Sie wie ein Moderator über das, was sich bisher ereignet hat, statt blind und unbewusst überredet zu werden.

Die eigenen rhetorischen Besonderheiten müssen nicht länger wehrlos unter unvorhersehbaren Situationen leiden und ihren natürlichen Redestil beeinflussen. Vergrößern und justieren Sie bewusst Ihren Situationsradar und nehmen Sie gestärkt mit Easy Tricks mehr als nur den Inhalt wahr.

Übrigens: In Kundengesprächen immer sagen, was geht! Als geschäftstüchtiger Gesprächspartner unbedingt in solchen Situationen positiv formulieren!

Easy Tricks zur Stärkung der Situationswahrnehmung beim Sprechen

- *W–W–W–W–W–W–W–W–W-Formel* (nach dem Situations-modell von Hellmut Geißner, (s. S. 89): Antwort auf neun Leitfragen für eine situationssichere Vorbereitung, damit der situative Kontext die benutzte Sprache bezie-hungsweise verbale Sprechweise und Sprachebene prägen kann!
- *Zipp – Zapp – Zumm-Trick:* zur Schärfung des Reaktions-vermögens und zur Stärkung der situativen Wahrneh-mungskompetenz (s. S. 93)
- *Beobachterperspektive und Allroundblick-Trick:* Distanz zum Inhalt wahren, damit in Redesituationen das Be-wusstsein für Exitstrategien nicht verloren geht und der situative Überblick über die Kommunikation hilft, die rich-tigen Worte und Themen zu finden (s. S. 94, 97)

Meine Easy Tricks, um Situationen sicherer wahrzunehmen:

....

....

....

....

....

....

....

....

....

....

....

....

....

Easy Trick 6

Was ist, wenn mir nichts einfällt? – Inhalte mit allen Sinnen wahrnehmen und erinnern

»Ich packe in meinen Koffer ...« Dieses Spiel kennen Sie vielleicht noch aus Kindertagen. Reiseutensilien landen gedanklich nach und nach in einem Koffer, und das Volumen an Gegenständen, die wir uns merken müssen, wächst und wächst. Wer nicht mehr alle Gegenstände aufzählen kann und Fehler macht, hat verloren. Derartige Gedächtnistrainingsspiele gibt es vielerlei. Sie sind hilfreich, um herauszufinden, wie das eigene Gedächtnis funktioniert. Darüber hinaus trainieren Sie das Erinnern von Informationen bis ins hohe Alter, denn Sie fordern mit diesen kleinen Memo-Experimenten Ihr Kurz- und Langzeitgedächtnis.

»Das menschliche Gedächtnis ist der Schlüssel zur eigenen Person und verleiht ihr ihre Bedeutung«, schreibt Christiane Stenger. Sie ist Jugendweltmeisterin im Gedächtnistraining und weiß, wovon sie spricht. Menschen mit einem natürlichen Redestil wirken leicht und locker. Selten stocken oder hadern sie mit ihren Botschaften. Solche Personen sprechen aus, was sie gerade denken und für bedeutend halten. Ihr Gedächtnis scheint sie nicht zu quälen. Sie bedienen sich der für diesen Augenblick wichtigen Worte. Das mag auf den ersten Blick einfach und bewundernswert wirken. Und Sie denken vielleicht: So würde ich auch gern sprechen können. Klappt bei mir aber eh nicht, bei meinem Durcheinander im Kopf. Beobachten Sie sich bei der nächsten Redesituation genau: Was sind das für Gedanken, die Sie beim Sprechen im Kopf haben? Versuchen Sie herauszufinden, warum Ihr Gedächtnis überlastet ist.

Ich stelle immer wieder fest, dass viele Menschen gar nicht wissen, wie viel ihr Gedächtnis leisten kann. Sie kleben an vorbereiteten Unterlagen, auf denen jeder Satz notiert ist. Sie vertrauen sich nicht und verhindern einen freien, auf die Zuhörenden gerichteten Redebeitrag. Statt eines selbstbewussten Sprechers sehen wir eine Vorleserin. Im schlimmsten Fall hantiert sie mit einem auf Vorder- und Rückseite beschriebenen (Rückseite immer frei lassen, sonst liest das Publikum mit!) flattrigen DIN-A-4-Blatt, auf dem sie während des Sprechens ihre Notizen schwer entziffern kann. Damit ja nichts vergessen wird, ist alles auf dem Papier und am Ende wird genau dadurch ein souveränes Denken beim Sprechen unmöglich gemacht, weil es zu viel zu beachten gibt.

Selbstvertrauen beim Sprechen wächst, wenn wir besser einschätzen können, wie und wo wir wichtige Inhalte leicht abrufen können. Benötige ich überhaupt einen Zettel, oder kann ich mich ruhig trauen, frei zu reden? Egal ob mit oder ohne Zettel, jeder Redestil benötigt seinen persönlich passenden Schlüssel zum Gedächtnisschatz. Es gibt viele kleine Hilfen, die große Effekte haben. Sicher haben Sie schon in der Schulzeit mit Eselsbrücken gearbeitet, um sich zum Beispiel Flüsse in Deutschland (Iller, Lech, Isar, Inn fließen rechts zur Donau hin, Altmühl, Naab und Regen fließen ihr entgegen) oder Geschichtsdaten (333 bei Issos Keilerei) zu merken. Spaß und Motivation sind wichtige Impulse, damit wir etwas in Erinnerung behalten. Eselsbrücken schaffen fantasievolle Verknüpfungen, die uns ein Leben lang als merk-würdige Erinnerung im Kopf bleiben.

Durch Gedächtnistraining können Sie Ihre Persönlichkeit stärken und unbekannte Seiten an sich entdecken. Wir besprechen gleich, wie ein Stichwortzettel aussehen kann, der Sie beim Sprechen nicht behindert, sondern dafür sorgt, dass Ihnen im passenden Moment die richtigen Worte einfallen. Hauptziel auch für dieses Kapitel: leichter sprechen! Also bitte nicht zu viele Eselsbrücken bauen, sondern ökonomisch die hier beschriebenen Techniken ausprobieren und erkennen, welche Easy Tricks für Sie passen und ihre Gedächtnisleistung erhöhen.

Erinnerungsstützen

Ein Kollege von mir geht immer mit einem Stapel Stichwortkarten in Veranstaltungen, aber jedes Mal schaut er nicht ein einziges Mal darauf. Er erklärt mir, dass das für ihn nur eine Sicherheit ist. Sobald er Inhalte aufschreibt, erinnert er sich automatisch. Er nimmt die Notizen mit in die Situation, damit er sich irgendwo festhalten kann. Mein Kollege hat sich lange mit seinem Redestil beschäftigt und für sich entschieden, dass es sich gut anfühlt und beruhigend wirkt, ein Schriftstück mit allen Hauptgedanken immer dabei zu haben. Übrigens passen die Karten gut zu seinem Redestil, da sie ihm eine fachliche, seriöse Note verleihen, einen Ruheanker für seine Arme und Hände sind und eine seiner Schwächen (unbewusstes Armefuchteln) unterbinden.

Stichwortkarten zum Festhalten sind nicht für jeden etwas. Jule lehnt Stichwortkarten absolut ab. Sie hat schon mehrere Körpersprachekurse besucht und will frei sprechen, damit sie besser Brücken zum Gegenüber schlagen kann. Dafür traut sie sich inzwischen mehr und mehr zu, körpersprachliche Signale wie bewussten Blickkontakt zu senden. Sie hat herausgefunden, dass sie beim Sprechen Zeit zum Denken braucht und sich in solchen »Denk-Momenten« Füllworte bei ihr anhäufen und sie zu Boden guckt. Sie hatte gehofft, dass durch Blickkontakt und Lächeln zum Gesprächspartner diese für sie peinlichen Nachdenkphasen sich besser anfühlen. Ganz im Gegenteil. Sie verliert inzwischen beim Reden ganze Inhaltsblöcke, wenn sie sich darauf konzentriert, einen freundlichen Blickkontakt herzustellen.

»Es ist für mich schwer, weiterzudenken und vor allem weiterzusprechen, wenn ich zusätzlich noch an meine nonverbalen Signale denke. Ich rede dann einfach so dahin ...«, klagt Jule. Sie hat sich nach einem Rhetorikkurs zum Thema Körpersprache fest vorgenommen, ihren überzeugenden Blick bewusst einzusetzen. Nun ist sie verzweifelt. Was nutzen die optischen Tipps, wenn jetzt die Worte fehlen und überflüssige Füllsel für peinliche Momente sorgen? Das gleichzeitige Einsetzen nonverbaler Körperhandlungen und sprachlicher Prägnanz beim Sprechen ist ein Kernproblem für sie. Vielen ungeübten Sprechern ergeht es so, besonders, wenn sie noch zusätzlich ungeplante Aufregungszustände bewältigen müssen (mehr dazu in Kapitel 7).

Es gibt einen einfachen Tipp: »Sagen, was man denkt. Und vorher was gedacht haben.« (Harry Rowohlt, 1945– 2015). Hört sich auf den ersten Blick logisch an. Trifft für unser Gehirn genau ins Schwarze. Jule hilft dieser Tipp nur leider nicht weiter. Sie ist im Kopf viel zu sehr mit ihren nonverbalen Handlungen beschäftigt und lenkt sich dadurch selbst ab. So verliert sie mehr und mehr den Bezug zum eigenen Inhalt, zur Situation und zum Gegenüber. Vordenken, so wie Rowohlt es empfiehlt, reicht nicht aus. Beim Sprechen schleichen sich viele neue Gedanken ein, die sie besser nicht aussprechen will ...

In solchen Momenten kommt es auf ein passendes Timing an, damit das Gedächtnis konzentriert das bereits Gedachte abrufen und der Körper beim Reden trotzdem handeln kann. Im Grunde genommen ganz easy: Eine Sache denken, eine Handlung tätigen! Das funktioniert am besten, wenn wir auf PAUSEN achten. Wer selbstbestimmt ausgewogen mit Körper und Geist/Kopf spricht, kommuniziert in persona und in der Sache. Sie haben plötzlich Zeit für Blickkontakt, Atmung und zwar in Redepausen. Das setzt voraus, dass wir wirklich schweigen und in dieser Zeit unser Körper handeln kann. Wir sprechen zwar so leicht dahin gesagt von Körpersprache. Unser Körper spricht allerdings nie, sondern er handelt. Statt Körpersprache müsste es somit Körperhandlung heißen.

Wir vollbringen beim Sprechakt eine Meisterleistung, die dreierlei Aktionen kombinieren kann:

● Sprechen (Worte aussprechen),
● Denken (kognitive Gehirntätigkeit) und
● Handeln (der Körper tut etwas).

Je besser ich einschätzen kann, wie ich bewusster denke und handle, desto leichter kann ich aussprechen, was ich meine.

Das Geheimnis eines brauchbaren Stichwortzettels kennt meist nur derjenige, der ihn angefertigt hat. Wer einschätzen kann, welche Gedächtnisstütze er oder sie benötigt, damit der Redestil persönlich und stressfrei bleibt, schreibt automatisch das Richtige auf. Das muss nicht immer nur der Inhalt sein. Der Fund einer achtlos liegengelassenen DIN-A-5-Karteikarte auf einem Kongress belegt eindeutig, wie kreativ wir mit unseren »Gedächtnislücken« umgehen können. Auf diesem Notizzettel stand nichts weiter als ein mit Großbuchstaben geschriebenes P A U S E mitten auf der Karte, und ein leuchtend gelber Smilie war in der rechten unteren Kartenhälfte aufgemalt. Dieser Stichwortzettel hat einem der Dozenten auf dieser Veranstaltung offensichtlich gute Dienste geleistet. Alle Vorträge waren überzeugend, doch die klare, bewusste Art und Weise des letzten Redners ist mir besonders in Erinnerung geblieben. Trotz zahlreicher, fachlicher Informationen wirkte sein Redestil frisch, begeistert und darauf bedacht, das Publikum nicht zu überfordern.

Jule ist begeistert von meiner Erzählung und der Idee, eine Karteikarte mit Eigenregieanweisungen für den Körper mit in die Situation zu nehmen. Das ist die Lösung. So bleibt Jules Kopf frei für inhaltliche Gedanken, und die Karte ist ihr Anker für alles Nonverbale, was sie nicht vergessen will. Übrigens war Jule bei allen Memospielen im Workshop immer die Beste und konnte klar erkennen, wie gut sie Inhalte erinnern kann. Das hat sie darin bestärkt, auch weiterhin frei zu sprechen und aus ihrem Speicher konzentriert abzurufen und zu präsentieren. Das rhetorische Drumherum – wie Blickkontakt ins Publikum, Zeit für Pausen lassen – steht jetzt auf Jules Stichwortkarte und zwar als positive Anweisung. Das Wort »keine« ist als Erinnerungsstütze unbrauchbar, denn wer »keine Füllworte« draufschreibt, wird mit Sicherheit an Füllworte denken. Das ist wie mit der Zitrone, an die man nicht denken soll, und schon sieht man sie vor sich.

Wir alle wissen, dass unser Gehirn nur eine begrenzte Aufnahmekapazität hat. Ein wirrer Stichwortzettel ist überflüssig. Klarheit und Struktur ist das A und O, um es für unseren Kopf und auch für körpersprachliche Handlungen einfach zu gestalten. Der beste Stichwortzettel ist ein »Spicker« mit Schlagworten, den eine fremde Person sofort versteht und anhand der Notizen herauslesen kann, worum es in der Rede, Präsentation, Sitzung im Kern geht.

Übung: Stichworte finden

Wir üben das Finden guter Stichworte jetzt gemeinsam. Nehmen Sie sich ein Blatt Papier und einen Stift. Das Thema, für das wir gute Stichworte suchen, heißt: Besuch beim Hausarzt (Sie können auch ein beliebiges anderes Alltagthema nehmen). Notieren Sie bitte sechs Stichworte, die Ihnen sofort zu Ihrem oder meinem Themenvorschlag einfallen. Sie dürfen keine Worte aus der zu beschreibenden Angelegenheit »Besuch beim Hausarzt« als Stichwort wiederholen.

Vielleicht stehen jetzt Begriffe wie Wartezeit ... Ferien ... Nachbar ... Armschmerzen ... endlich einen Termin bekommen ... zusammen mit meiner Freundin auf dem Blatt Papier. Vermutlich haben Sie andere Begriffe als ich im Kopf. Vermutlich sind Ihre Assoziationen mit Spiegelstrichen untereinander notiert. Ich notiere meine Stichworte auch auf diese Art und Weise:

☑ Wartezeit
☑ Ferien
☑ Nachbar
☑ Armschmerzen
☑ endlich einen Termin bekommen
☑ zusammen mit meiner Freundin

Stellen Sie sich vor, Sie kennen die Überschrift »Besuch beim Hausarzt« nicht und sollen aus meinen Stichworten ein übergeordnetes Thema herauslesen. Würden Sie da automatisch auf »Besuch beim Hausarzt« kommen? Schauen Sie sich nun Ihre Stichworte an. Sind diese thematisch eindeutiger? Wer mit meinen Stichworten eine Rede halten sollte, könnte über »Die erste Tennisstunde mit einem Trainer« sprechen oder über »Urlaub auf einer Insel« oder »Bungeespringen«. Meine Stichworte lassen zu viele Freiräume für andere Assoziationen. Es lohnt sich bei der Vorbereitung eines Stichwortzettels, unmissverständliche Begriffe zu finden. Je klarer die Botschaft, desto größer die Wahrscheinlichkeit, dass ich verstanden werde. Wie sehen denn nun eindeutige Begriffe zum Thema »Besuch beim Hausarzt« aus? Hier mein Vorschlag:

☑ Praxisteam
☑ Krankenkassenkarte
☑ volles Wartezimmer
☑ Routinetermin
☑ Gesundheitscheck
☑ Fieber

Es bringt Spaß (mir jedenfalls), nach assoziativ eindeutigen Stichworten zu suchen. Berufsbedingt musste ich das jahrelang als Journalistin beim Fernsehen machen: Passende Schlagworte für Beiträge aus den Rubriken Politik, Wirtschaft, Sport oder Kultur finden. Um die Inhalte der nächsten halben Stunde in einer Magazinsendung anzukündigen, liefen meine kreativen, inneren Prozesse auf Hochtouren. Vorgabe der Redaktion war es, drei Themen für die nächste halbe Stunde in einem Opener anzuteasern. Es musste jeweils ein Wort gefunden werden, das den inhaltlichen Kern des Magazinbeitrages trifft.

Besonders schwer zu finden, aber gern gesendet wurden Alliterationen wie zum Beispiel: gewählt (Politikthema) – gespart (Wirtschaftsthema) – gesiegt (Sportthema). Die Alliteration ist ein rhetorisches Stilelement, bei dem die betonten Stammsilben benachbarter Wörter den gleichen Anfangslaut haben. Eine Sonderform ist das Tautogramm, bei dem jedes Wort mit dem gleichen Buchstaben beginnt. Beispiel: abgewählt (Politikbeitrag) – angesehen (Filmgespräch) – ausgeschieden (Fußballbeitrag). Diese Stichworte zum Teasern durften nicht mehr als zwölf Buchstaben haben, damit sie als Insert – Bauchbinde unten im Bild – unter die jeweiligen Themenbilder passten. Auf diesem Wege fängt man an, sich von festgefahrenen Denkschemata zu lösen und neue Ideen für die Darstellung von Sachverhalten zu entwickeln. Also bevor Sie anfangen, wild und unsortiert irgendetwas auf eine Stichwortkarte zu schreiben, suchen Sie nach Schlüsselbegriffen, fantasievollen Reizworten, die Ihre Assoziation klar und einfach benennen. Freuen Sie sich über Ihre wunderbare Wortwahl!

Wie sieht ein brauchbarer Stichwortzettel aus?
Unser Gehirn kann sich besser an Bilder erinnern als an Worte. Trainieren Sie schon bei der Vorbereitung, Bilder für Ihre Inhalte zu erfinden. Es lohnt sich auch, dass bewährte Notieren mit gleichförmig untereinander geschriebenen Spiegelstrichen auf dem Stichwortzettel zu überdenken. Auf

eine Stichwortkarte gehören leicht erkennbare, kreativ anregende Verknüpfungen, die ein verbessertes Erinnern fördern. Nutzen Sie Visualisierungen bei der Gestaltung der Karte. Drei Easy Tricks für eine sinnvolle – weil beim Sprechen leicht les- und erfassbare – schriftliche Erinnerungshilfe:

1. Zeichnen Sie Symbole/Bilder neben Ihre Stichworte
2. Malen Sie eine Mindmap, gern auch geclustert mit Unterpunkten

Arbeiten mit der »Treppe«

Bei der »Treppe« ordnen Sie die Stichworte von links nach rechts auf Ihrer Karte an. Links notieren Sie in die erste Treppenstufe (Sie können einen Kasten malen) den ersten Hauptgedanken (bündelndes Wort), dann folgt eine oder es folgen mehrere Stufen in der Mitte, auf der Sie je ein Stichwort zum Hauptgedanken notieren. Rechts abgestuft stehen Beispiele, wenn es welche gibt. Die Treppe liefert auf dem Stichwortzettel ein übersichtliches Redegerüst. Das freie Sprechen fällt leicht, denn die in Stufen angeordneten Stichwörter lassen sich leicht überblicken. Es entstehen auf dem Stichwortzettel Treppen aus »Hauptgedanke-Stichpunkten - Beispielen«. Jede einzelne Treppe umfasst einen abgeschlossenen Gedanken. Sie haben so beim freien Reden einen klaren Überblick und eine Strukturierung in jedem Inhaltsblock, denn jede Treppe ist in sich nach Wichtigkeit sortiert. Die linke obere Stufe jeder Treppe enthält den Kerngedanken, der auf jeden Fall genannt werden sollte, dann nach rechts sortiert und abgestuft folgen Stichpunkte zu diesem Hauptstichwort (Mittelstufe). Auf der rechten letzten Stufe notieren Sie ein oder zwei Erinnerungsstichworte zu einem Beispiel oder einer ausschmückenden Untermalung des Hauptgedankens, die bei Zeitnot übersprungen werden können. Dieses schriftliche Gerüst ist eine perfekte Orientierungshilfe, um den roten

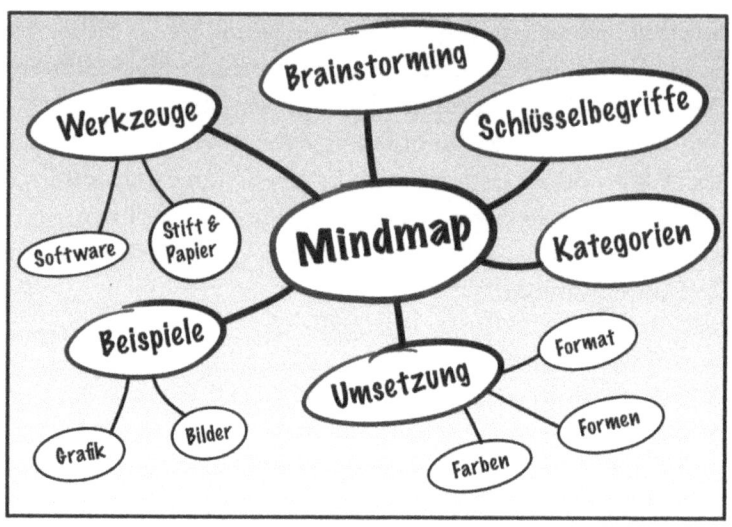

Faden nicht zu verlieren und wichtige und nicht so wichtige
Teile des Vortrages im Überblick zu behalten.

Noch drei kleine Zusatztipps:

1. Schreiben Sie nicht nur Substantive auf, sondern gerne auch
Verben, Konjunktionen und Präpositionen.
2. Verben immer im Infinitiv notieren, also in der Grundform
(z.B. spielen, schreiben), das erleichtert das Formulieren konkreter Sätze beim freien Sprechen.
3. Konjuktionen bzw. Gelenkwörter (wie z.B. wenn, dann, aber,
deshalb, so) unbedingt in die linke Trepppenstufe schreiben -
also an den Beginn einer Gedanken-Treppe, damit eine zuver-
lässige Logik auf dem Stichwortzettel sichtbar bleibt.
(nach: H. Geißner/S. Wachtel (2003): Schreiben fürs Hören; N.
Gutenberg (2004) Lesen und Reden, ausführlich dazu siehe
Literaturliste)

112

Katja, eine Drehbuchautorin aus einem meiner Kurse, hat die Treppe für ihre neue Arbeit als Bezirkspolitikerin sehr geholfen. Für sie war Sprechen vor Gruppen nur mit genau notierter Schreibvorlage denkbar, was in Bürgergesprächen oder bei politischen Reden sehr hölzern klingt. Sie war Vorleserin der aufgeschriebenen Rede und keine freie Rednerin. Erst durch das Notieren der Inhalte in Stichworten und in Treppenanordnung konnte Katja Kontakt zum Publikum aufbauen. Es benötigt etwas Übung, aber mittlerweile funktioniert das Treppensystem für sie hervorragend und sie benutzt es inzwischen sogar für große Schreibkonzepte. Wer den Überblick behält, fühlt sich sicher, und dabei helfen einfache und leicht wahrnehmbare Stichwortzettel.

Die Loci-Methode

Wissen, Worte und Gedanken nehmen wir mit allen Sinnesorganen auf. Neben Augen und Ohren gehören dazu auch der Geschmacks-, Geruchs- und der Muskelsinn. Über all diese Sinne gelangen Informationen in unser Gedächtnis. Da die Sinne bei jedem Menschen unterschiedlich stark ausgeprägt sind, unterscheiden wir verschiedene Lerntypen. Je klarer Ihnen ist, zu welchem Lerntyp Sie gehören, desto leichter werden Sie genau den passenden Trick finden, um sich richtig vorzubereiten und beim Sprechen klarer denken zu können.

Man unterscheidet *vier Lerntypen*: den visuellen (anschauen), auditiven (gehört), kommunikativen (besprochen) und motorischen (angepackt/begriffen). Wichtig für Ihr Gehirn ist es, möglichst viele Wahrnehmungsfelder zu beteiligen, damit das Gehirn mehr gedankliche Verknüpfungen herstellen und sich leichter erinnern kann. Welcher Weg für Sie der richtige ist, um sich während des Sprechens leichter zu erinnern, finden Sie heraus, wenn Sie wissen, welcher bevorzugter Lerntyp Sie sind.

- Ist es für Ihren persönlichen Redestil unterstützend, wenn Sie beispielsweise mithilfe von Visualisierungen Erinnerungen abrufen (steht wo?)?
- Oder müssen Sie etwas schon einmal gehört, rhythmisch vorgesprochen haben (klingt wie?)?
- Erinnern Sie sich an Bewegungsabläufe und können Vergangenes gut verorten, sich gut orientieren (geht von wo nach wo?)?
- Oder fällt es Ihnen leichter, in Verbindung mit Gerüchen oder Berührungen Inhalte leichter abzurufen (riecht wie?/fühlt sich wie an?)?

Eine empfehlenswerte Strategie für das freie Sprechen ganz ohne Stichwortzettel ist die sogenannte Loci-Methode. Bei dieser Methode helfen räumliche Ankerpunkte beim Memorieren der Inhalte. In der Antike beschäftigte sich der griechische Dichter Simonides von Keos ausführlich mit dem von der griechischen Göttin Mnemosyne abstammenden Begriff der Mnemotechnik.

Hauptfrage: Wie kann man Inhalte leichter erinnern? Simonides kam auf die Idee, das Wissen an Plätze im Raum zu verorten – an sogenannte Locis. »Locus« stammt aus dem Lateinischen und bedeutet Ort. Damit war die Loci-Methode geboren. Sie wurde vor allem von den römischen Rhetorikern gern genutzt. Seneca brillierte dadurch in der freien Rede. Ein klarer Vorteil dieser Technik ist, dass die Redner sich nicht nur die Inhalte beziehungsweise einzelnen Begriffe besser merken konnten, sondern noch dazu in der richtigen Reihenfolge. Cicero hat sich vor seinen Reden die Arena, in der er vor Tausenden von Menschen sprechen sollte, zeigen lassen und sich im Raum seine Stichpunkte auf Routenpunkten abgelegt. So ist er trotz Lampenfieber leicht an seine Inhalte gekommen, er musste sie nur im Raum abholen und seinen roten Faden, den er vorher mit Routenpunkten verknüpft hat, entspannt einrollen.

Es lohnt sich, die Loci-Methode der alten Griechen einmal auszuprobieren. Sie funktioniert auch als Argumentationshilfe bei Besprechungen, in denen Sie nicht den Überblick und vor allem Ihre eigene Zielsetzung vergessen möchten. Sortieren Sie sich Ihre vorbereiteten Argumente an Plätzen. Sprechen fällt leichter, wenn die zu vermittelnden Inhalte in kleinen Päckchen verteilt vor uns liegen und wir nicht alles an einem Ort suchen müssen. Durch Ordnung und Struktur entlasten wir unser Gedächtnis und stärken unsere Persönlichkeit, denn wir haben einen Überblick geschaffen. Das Selbstvertrauen wächst, wenn ich weiß, dass ich meine Inhalte greifbar habe. Probieren Sie das mit diesen Übungssätzen von Kurt Tucholsky einmal aus.

Übung: Schnipsel zerschnipseln mit Loci-Methode

Lesen Sie den ersten Schnipseltext und teilen Sie ihn in drei Sinneinheiten. Verinnerlichen Sie den Text und schaffen Sie sich leicht abrufbare Bilder. Legen Sie diese Bilder imaginiert im Raum ab. Stellen Sie sich den Raum vor sich wie eine große halbe Pizza vor und teilen Sie diese Pizza in drei große Stücke. Auf jedes Stück legen Sie nun jeweils eins der drei Inhaltsbilder des Dreizeilers. Sie müssen den Schnipselsatz nicht exakt auswendig gelernt wiedergeben. Es reicht, wenn Sie den Inhalt sinngemäß richtig aussprechen und an den drei gelegten Locis auf den Pizzastücken, also links, Mitte, rechts im Raum erinnernd abholen. Wählen Sie einen klaren Fokuspunkt auf jedem Pizzastück, dort sehen Sie einen verbildlichten Teil des gedrittelten Schnipsels. So trainieren Sie nicht nur das Verorten der Inhalte im Routengang, sondern teilen die Schnipseltexte zuhörergewandt nach allen Seiten im Raum mit. So wirken Sie als freier Redner oder Rednerin souverän, denn Sie nehmen den gesamten Raum mit ihrem Blickkontakt wahr, auch wenn Sie nur die verorteten Bilder aus ihrer verknüpften Erinnerung einsammeln. Damit Sie noch ausgiebig üben können, gibt's noch mehr Schnipsel zum Zerteilen und Verteilen im Raum ...

☑ *Schnipseltext 1:* »Um sich auf einen Menschen zu verlassen, tut man gut, sich auf ihn zu setzen; man ist dann wenigstens für diese Zeit sicher, dass er nicht davonläuft. Manche verlassen sich auch auf den Charakter.« (Tucholsky 1973)

☑ *Schnipseltext 2:* »Einen Titel muss der Mensch haben. Ohne Titel ist er nackt. Und ein gar grauslicher Anblick.« (Tucholsky 1973)

☑ *Schnipseltext 3:* »Weil sich jeder eine Welt macht, in deren Mittelpunkt er selber steht, so verneint er die der anderen, deren Weltbild ihn etwa an die Wand klemmen könnte.« (Tucholsky 1973)

☑ *Schnipseltext 4:* »Es gibt Leute, die wollen lieber einen Stehplatz in der ersten Klasse als einen Sitzplatz in der dritten. Es sind keine sympathischen Leute.« (Tucholsky 1973)

☑ *Schnipseltext 5:* »Wenn wir einmal nicht grausam sind, dann glauben wir gleich, wir seien gut.« (Tucholsky 1973)

☑ *Schnipseltext 6:* »Das Merkwürdige an einem Loch ist der Rand. Er gehört noch zum Etwas, sieht aber beständig ins Nichts, eine Grenzwache der Materie.« (Tucholsky 1973)

☑ *Schnipseltext 7:* »Das Loch ist ein ewiger Kompagnon des Nicht-Lochs: Loch allein kommt nicht vor, so leid es mir tut.« (Tucholsky 1973)

☑ *Schnipseltext 8:* »Wer viel von dieser Welt gesehen hat – der lächelt, legt die Hände auf den Bauch und schweigt.« (Tucholsky 1973)

☑ *Schnipseltext 9:* »Jede Wirtschaft beruht auf dem Kreditsystem, das heißt auf der irrtümlichen Annahme, der andere werde gepumptes Geld zurückzahlen.« (Tucholsky 1973)

☑ *Schnipseltext 10:* »Er war eitel wie ein Chirurg, rechthaberisch wie ein Jurist und gutmütig wie ein Scharfrichter nach der Hinrichtung.« (Tucholsky 1973)

Ich bin mir sicher, dass Ihr Gehirn es umso leichter hatte, sich zu erinnern, je merkwürdigere Verknüpfungen Sie zwischen den Textteilen und der bildhaften Verortung im Raum auf den drei Pizzastücken bilden konnten. Mit der Technik der Verknüpfung, Visualisierung, Verortung lassen sich – je kreativer Sie die Verknüpfung gestalten – hervorragend Wörter, Begriffe und ganze Inhaltsblöcke merken. Spaß und Motivation sind wichtige Impulse für unser Gehirn, um Inhalte im Gedächtnis zu behalten. Wer sich so vorbereitet, minimiert Gedächtnislücken und bleibt beim Sprechen entspannt und sicher.

Die Rhetoriktrainerin Vera F. Birkenbihl hat sich ausgiebig mit dem, wie sie es nennt, »gehirn-gerechten« Denken beschäftigt. In zahlreichen Büchern und Vorträgen veröffentlichte sie ihre Trainingsaufgaben für ein selbstbewusstes Reden und ein sicheres, gezieltes Abrufen von Informationen im Gehirn. Eine Geschichte von Frau Birkenbihl können Sie sich mit Hilfe von visuellen Eselsbrücken in Sekundenschnelle merken. Probieren Sie es gerne mal aus. Hier der Merktext, den Sie bitte nur einmal lesen:

>*Ein Zweibein sitzt auf einem Dreibein und isst ein Einbein. Da kommt ein Vierbein und nimmt dem Zweibein das Einbein weg. Daraufhin nimmt das Zweibein das Dreibein und schlägt damit das Vierbein.*«

Na, konnten Sie sich diese Geschichte von Vera F. Birkenbihl merken und fehlerfrei wiederholen? Falls nicht, liegt es daran, dass sich Ihr Gehirn schwer damit tut, sich abstrakte Begriffe, ungewohnte Wörter oder Zahlenabfolgen mit unbekannter Bedeutung zu merken. Unsere Gehirnleistung kann nicht voll ausgeschöpft werden, wenn wir nur abstrakt memorieren und dafür nur die linke Gehirnhälfte benötigen. Sobald wir den abstrakten Begriffen Bilder zuordnen, aktivieren wir unsere rechte Gehirnhälfte und plötzlich kann unser Gehirn viel einfacher Erinnerungsarbeit leisten.

Das Ergebnis, wenn lineares und assoziatives Denken kombiniert werden, sieht dann so aus:

Ein Zweibein (Mensch) sitzt auf einem Dreibein (Hocker) und isst ein Einbein (Hühnerkeule). Da kommt ein Vierbein (Hund) und nimmt dem Zweibein (Mensch) das Einbein (Hühnerkeule) weg. Daraufhin nimmt das Zweibein (Mensch) das Dreibein (Hocker) und schlägt damit das Vierbein (Hund).

Wenn Sie solche oder ähnliche Eselsbrücken rechtzeitig und bereits bei der Vorbereitung nutzen, spielt Ihr Gehirn gerne mit und Sie können sicher sein, dass Ihnen Ihre Inhalte einfallen, wenn es drauf ankommt.

Easy Tricks, die das Gedächtnis beim Sprechen stärken

- Methoden der vier Lerntypen nutzen (Gehirnstärkung)
  - → der visuelle Lerntyp: Mindmaps/Bilder nutzen fürs Erinnern
  - → der auditive Lerntyp: rhythmisch vorsprechen, um Inhalte im Ohr zu behalten
  - → der kommunikative Lerntyp: mit anderen Inhalte besprechen, um sich besser zu erinnern
  - → der motorische Lerntyp: Inhalte verorten und an Gegenstände/Plätze/Körperteile koppeln, um sie dort abzurufen
- Easy Trick fürs Gehirn
  - → Möglichst viele dieser Wahrnehmungsfelder (Lerntypen-Vielfalt) beteiligen, damit das Gehirn zahlreiche gedankliche Verknüpfungen herstellen kann und wir uns leichter erinnern
  - → Stichwortzettel mit passender Methode schreiben, die den eigenen Lerntyp unterstützt (s. S. 109)
- Stichwortzettel ohne Stichworte
  - → Regieanweisungen zum nonverbalen Verhalten als Erinnerungshilfe auf Stichwortzettel notieren (PAUSE oder Smilie, um an Blickkontakt mit Lächeln zu erinnern o. Ä.)
- Loci-Methode
  - → Inhalte an Routenpunkten im Raum ablegen, dann gelingt freies Reden ohne Stichwortzettel (s. S. 114)

Meine Easy Tricks, um mein Gehirn nicht zu überfordern und leichter zu erinnern, was ich sagen will:

....

....

....

....

....

....

....

....

....

....

....

....

Easy Trick 7

Was macht mich sicher? – Stress akzeptieren und bewusst minimieren

Stress und Nervosität hemmen unsere Leistungsfähigkeit in vielen Bereichen. Was können wir tun, wenn uns Stress beim Reden »lahmlegt«? Die Gedächtnistrainingstipps aus Kapitel 6 rüsten Sie fürs Erste gut, um auch unter Stress nicht alles zu vergessen. Doch Aufregungszustände sind unberechenbar und können unser gesamtes Gehirn blockieren. Nehmen Sie sich eine der Übungen aus dem letzten Kapitel vor und setzen Sie sich mit der Stoppuhr unter Zeitdruck. Das hat den Effekt, dass Sie beim Denken Stress erzeugen. Je häufiger wir zum Beispiel unter Zeitnot denken und Worte finden müssen, desto leichter kommen wir mit dem erzeugten Druck klar. Sie gewöhnen sich an die bei Ihnen auftretenden Symptome und durchleben diesen Zustand mehr und mehr bewusst.

Max leidet schon seit der Schulzeit an Blackout-Zuständen. Bei Referaten und mündlicher Beteiligung im Unterricht und später dann bei Vorträgen und in Besprechungen an seinem Arbeitsplatz ist er diesem Phänomen ausgeliefert. Ihm fällt plötzlich nicht mehr ein, was er sagen wollte, obwohl er es ein paar Minuten vorher noch wusste. Es ist für ihn zudem schwierig, alles zu behalten, weil er die deutsche Sprache nicht als Muttersprache gelernt hat. Auch wenn er perfekt Deutsch spricht, muss er häufig zusätzlich beim Sprechen Worte und deren Übersetzung ins Deutsche denken. Das sind die Momente, in denen er seinen roten Faden verliert und im schlimmsten aller Fälle einen Blackout erleidet. Wie kann er es schaffen, souverän mit diesen Aussetzern umzugehen? Er wird es vermutlich nicht schaffen, diese Löcher im Kopf zu füllen, denn sein Gehirn gerät immer wieder in derartige Überforderungszustände. Das irritiert Max und verursacht bei ihm Stress. Er fühlt sich unsicher und hat Angst vor dem nächsten »Gedankenloch«. Gefangen in diesem Teufelskreis vergrößert sich die Leere in seinem Kopf umso mehr und das Befürchtete geschieht: Max hat schon wieder einen Blackout.

Je nach Situation haben Sie und natürlich auch Max verschiedene Möglichkeiten, um diesem misslichen Umstand souverän zu begegnen. Eins sollten Sie auf keinen Fall tun: Ausführlich und entschuldigend auf den Blackout-Zustand hinweisen. So demontieren Sie sich selbst vor den anderen und stechen noch zusätzlich in die Wunde, die Sie jetzt lieber schnell und professionell behandeln sollten. Mit den folgenden drei Easy Tricks bewältigen Sie den gedanklichen Knock-out viel effizienter und fühlen sich besser:

1. Starten, statt warten!

Akzeptieren Sie diesen Zustand und konzentrieren Sie sich nicht weiter darauf, krampfhaft das zu suchen, was sie vergessen haben. Es wird Ihnen nicht einfallen, je mehr Sie sich darauf versteifen, Ihren Gedanken wiederzufinden. Sie müssen sich das wie einen Kurzschluss im Gehirn vorstellen, bei dem sich Ihre Synapsen nicht mehr schließen und Ihr Denkvorgang abreißt. Dafür sorgen Stresshormone, die sich umso mehr ausschütten, je verbissener und verärgerter Sie versuchen, Ihren roten Faden wiederzufinden.

Es gilt der einfache Tipp: irgendwo weitermachen. Im Idealfall schafft Max es, die Stimme zu senken, zu lächeln

und nach einer kurzen Pause mit einem neuen Gliederungs-
punkt zu starten, und niemand bemerkt seine Orientie-
rungslosigkeit. Zum Glück ist er der Erste, der den Blackout bemerkt. Dadurch hat er einen zeitlichen Vorteil und
die Möglichkeit, durch einen abrupten Themenwechsel und
einen Satz wie »Darauf kann ich jetzt in der Kürze der Zeit
nicht weiter eingehen« oder »So viel dazu« einfach weiter-
zumachen, damit er die anderen nicht zusätzlich durch ein
Verharren auf seinen Blackout hinweist. Standardsätze wie
diese können Sie sich vorab überlegen. Am besten Sie weisen auf Außenfaktoren hin wie etwa die Zeit, den Ort oder
das Publikum/den Gesprächspartner beziehungsweise den
allgemeinen Rederahmen. Sie lösen sich so aus der Starre.
Notieren Sie sich am besten gleich ein paar Sätze, wie diesen: »Zeit für eine Trinkpause«, »Ich hoffe, Sie konnten mir
bis hierhin folgen«, »Ich springe jetzt zum nächsten Punkt«,
»Machen wir kurz eine Lüftpause?« …

Oft ist der ganze Inhalt wieder da, wenn Sie sich mit
Hilfe solcher Sätze aus dem Präsentationsmodus lösen. Der
Wechsel in einen erzählenden oder auch kommunikativen
Stil befreit von Blockierungen beim Sprechen, denn Sie star-
ten und bewegen das Gehirn in einer neuen »Betriebsart«.

2. Gedanklich in die Vergangenheit zurückgehen!

Sprechen Sie in Blackout-Momenten das Publikum mit sortierenden Sätzen an, die zusammenfassen und wiederholen,
was bis hierhin schon alles gesagt wurde. So ein sprachlicher Hinweis auf das bereits Gehörte wirkt souverän und
kann Ihnen helfen, den roten Faden wiederzufinden. Wie ein
Gastgeber sind Sie in der Lage, Ihren Gästen zu benennen,
was sie schon alles gemeinsam erleben durften, bevor es wei-
tergeht. So wirken Sie trotz Blackouts wie eine Person, die
den Überblick hat, obwohl Sie nicht wissen, wie es weiterge-

hen soll. Im Idealfall rufen Sie, wenn Sie zeitlich zurückdenken, Ihren vergessenen Inhalt wieder ins Gedächtnis.

Sollte das nicht passieren, versuchen Sie zu lächeln und in einer Ansprechhaltung den Dialog zum Publikum zu pflegen. Sie sprechen nie im luftleeren Raum. Greifen Sie zu rhetorischen Mitteln, die Ihre Hörer einbinden. Das können Formulierungen des Mitverstehens (»Das, was ich bereits erklärt habe, kennen Sie sicher alle ...«), Scheinfragen (»Jetzt haben Sie sich sicher schon vorhin gefragt, warum ...«), Einschübe (»Für Sie mag das jetzt überraschend klingen, doch wie ich vorhin bereits beschrieben habe ...«), Vorgriffe (»Sie könnten mir jetzt widersprechen, doch wenn wir uns gemeinsam noch mal zurückerinnern, was ich vorhin gesagt habe ...«) sein. Solche direkten Dialoge mit den Hörern verweisen auf die Kommunikationssituation und minimieren selbst gemachten Stress. Der Redefluss entschleunigt sich, es bleibt Zeit für einen Austausch mit dem Publikum (Publikumsjoker), und so kann es gelingen, etwas zu entspannen und durch das dialogische Sprechen über den Inhalt den verlorenen Gedanken wiederzufinden. Solche einfachen dialogischen Sätze fallen uns trotz Blackouts ein, wir sagen ja auch aus Impuls »Jetzt habe ich den roten Faden verloren.« Sprechen Sie zu den anderen und führen Sie bitte keine Selbstgespräche!

3. Körperliche Bewegung im Raum!
Der körperliche Impuls, den ein Blackout auslöst, ist ein Verharren in einer Position. In dieser Starre versuchen wir verkrampft, den verlorenen Gedanken wieder aufzugreifen. Es kann helfen, genau dieser Bewegungslosigkeit zu widerstreben. Machen Sie einen kleinen Schritt nach links oder rechts oder treten Sie näher an die Zuhörenden heran. Dieser Tipp liefert keine hundertprozentige Sicherheit dafür, dass Sie den

verlorenen roten Faden wiederfinden. Es ist aber auf jeden Fall einen Versuch wert.

Bei einem Seminar war die Bewegung im Raum die stimulierende Lösung für eine Teilnehmerin, die sich beim Reden vor Gruppen mit Blackout-Zuständen arrangieren musste. Dass das funktioniert hat, erklärte sie sich folgendermaßen. Sie erinnerte sich daran, dass sie gelegentlich auch zu Hause Sachen vergisst. Während Sie noch im Badezimmer wusste, was sie gleich in der Küche machen wollte, fiel es ihr in der Küche nicht mehr ein. Wenn sie dann an den Ort zurückging – in dem Fall ins Bad – fiel es ihr dort an der Stelle, an der sie den Gedanken gefasst hatte – wieder ein, was sie aus der Küche holen wollte. Alles, was dabei hilft, sich gedanklich und sogar körperlich vom Blackout zu entfernen, sind zielführende Tricks. Körperliche und geistige Bewegung sind eng miteinander verknüpft. Bei einer Schreckstarre bringen Sie durch eine bewusste, körperliche Bewegung wieder Schwung in die festsitzenden Gedanken. Geistige Blockaden lösen sich durch körperliche Aktionen. Passend zur jeweiligen Redesituation kann das Trinken aus einem Glas Wasser den gleichen Effekt haben wie ein Schritt im Raum.

Wenn ein Blackout da ist, akzeptieren Sie seine Macht und nutzen Sie eine der drei beschriebenen »Reset«-Möglichkeiten, um entweder die Blockade zu lösen oder nach einer Sprechpause etwas anderes Wichtiges zu sagen.

Besonders gern breiten sich Stresshormone bei Rednern aus, die alles bewerten, in Frage stellen, unsicher präsentieren, auf fremdbestimmtes Feedback setzen und am Ende nicht mehr bei der Sache sind. Das Gehirn reagiert auf das Zuviel mit einem Kurzschluss (Blackout). Über die Stresshormone Adrenalin und Noradrenalin haben Sie schon in Kapitel 4 gelesen, als es um das Thema Lampenfieber ging. Symptome wie Hektikflecken, zitternde Hände, Herzklopfen, Mundtrockenheit, Stimmprobleme sind körperliche Abwehrsignale gegen die hormonelle Belastung. Wenn sich diese störenden Körperreaktionen nicht mental kontrollieren lassen, helfen Ihnen *zwei Easy Tricks*:

Easy Trick 1: Versorgen Sie Ihren Körper mit genügend Kalzium!
Kalzium ist ein chemisches Element und ein lebenswichtiger Mineralstoff. Er steckt in vielen Milchprodukten sowie in Brokkoli und grünem Blattgemüse. Sie können sich auch Kalziumtabletten oder -pulver kaufen. Es ist ratsam, kontinuierlich kleine Mengen des Mineralstoffes zu sich zu nehmen. Also bitte nicht vor der nächsten gefürchteten Stresssituation Unmengen von Kalziumtabletten schlucken. Das bringt nichts.

Atemübungen sind ein zweiter Weg, um den Kalziumspiegel zu erhöhen beziehungsweise den Spiegel an Stresshormonen zu senken. Das klappt nicht automatisch, sondern bedarf wiederholter Übung. Auch viele professionelle Sprecher sind nicht automatisch von Stresssymptomen befreit. Sie wissen, dass sie auf sich achten müssen und mit kleinen, regulierenden Übungen ihr Wohlfühllevel auspegeln können. Aus dem rhetorischen Werkzeugkoffer empfehle ich diese zwei Atemübungen zur Minimierung von Stress. Sie helfen schnell und einfach dabei, dass Sie sich auf ihren Körper fokussieren, und sollte es im Laufe dieser Übung in den Füßen kribbeln, dann ist das ein gutes Zeichen dafür, dass sich Kalzium im Körper ausschüttet.

Übung: In die Ruheatmung finden

☑ Lümmeln Sie sich auf einen Stuhl, schließen Sie gerne die Augen und legen eine Hand aufs Brustbein und eine auf Ihren Bauch.

☑ Konzentrieren Sie sich nun auf die Bauchhand. Sie atmen ein und aus und beobachten Ihre Bauchhand. Diese rutscht nach jeder Ein-Ausatem-Runde um ein paar Zentimeter tiefer. Diese kleine Positionsveränderung der Bauchhand hilft Ihnen dabei, genauer den Atemfluss zu fokussieren.

☑ Legen Sie nun die Bauchhand zurück an die Stelle, an der Sie die Atmung am deutlichsten gespürt haben. An diesem Ort bleibt die Hand bis zum Ende der Übung liegen.

☑ Atmen Sie nun ganz bewusst durch die Nase ein und durch den Mund aus. Machen Sie nach dem Ende des Ausatemflusses eine Pause, bevor Sie wieder einatmen. Behalten Sie diesen Atemrhythmus vier Atemzüge bei.

☑ Nun konzentrieren Sie sich bei den nächsten vier Atemrunden auf die Verlängerung der Ausatmung. Sie atmen durch die Nase ein und atmen ganz bewusst verlängert aus, bis die nächste Einatmung folgt. Vier Atemrunden.

☑ Jetzt fokussieren Sie sich auf die Pause zwischen der Ein- und Ausatmung. Sie atmen ein, dann aus und verlängern ganz bewusst die Pause, bevor Sie erneut einatmen. Auch vier Atemrunden.

☑ Atmen Sie durch die Nase ein und verlängern Sie bewusst die Ausatmung durch den Mund und verlängern Sie auch die Atempause. Diese letzten vier Atemrunden erleben Sie bitte ganz bewusst fließend. Lassen Sie sich in die Ausatmung und die Pausenzeit fließen. Konzentrieren Sie sich darauf, den Einatemimpuls zu unterdrücken beziehungsweise hinauszuzögern.

☑ Zum Schluss der Übung dehnen und strecken Sie sich und öffnen wieder die Augen.

127

Damit Sie die Übung effektiv machen können, diktieren Sie sich diese Übung in Ihr Mobiltelefon mit der Diktierfunktion. Diese stressminimierende Übung kann man über Kopfhörer wunderbar im Zug, Bus oder einem geschützten Raum machen. Je vertrauter uns die Atembewegung ist, desto leichter kann ein »Atemanker« auch bei plötzlich aufkommendem Stress in Sprechsituationen helfen, ungewünschte Körperreaktionen zu kontrollieren und im Idealfall zu verringern.

Übung: Atempegel gegen Stress

☑ Diese Übung trainiert die bewusste Tiefenatmung und ist eine gute Übung gegen Lampenfieber und unnötige Aufregungszustände. Auch hier steht die Konzentration auf die Atmung im Mittelpunkt. Ziel ist es, die Atmung zu rhythmisieren und dadurch bewusster steuern zu können, um uns durch die Atembewegung zu beruhigen.

☑ Dazu atmen Sie bewusst in den Bauch ein (Ballongefühl). Während Sie in den Bauch atmen, bewegen Sie sich mit beiden Füßen auf die Zehenspitzen. Die Luft fließt in den Bauch und Ihr Körper hebt sich in eine höhere Position.

☑ Dann senken Sie die Füße wieder zurück auf die Fußsohlen und dabei atmen Sie bewusst und lange aus (der Ballon im Bauch wird klein).

☑ Konzentrieren Sie sich bei dieser Übung auf die Geschwindigkeit des Hochgehens und Absenkens. Je langsamer Sie die Bewegung machen, desto ruhiger werden Sie. Sie sind der Motor der Bewegung und haben alles im Griff.

☑ Nehmen Sie folgenden Satz mit in diese Übung und denken Sie ihn, wenn sich die Fußsohlen langsam heben: »Ich habe euch etwas Geniales mitzuteilen!« Dieser innere Satz arbeitet zusätzlich an Ihrer souveränen Ausstrahlung.

Diese Variante der *Baumstamm-Übung* reduziert Blockaden. Alles fließt und ist in Bewegung, und Anspannungen lösen sich auf. Solche das Bewusstsein schärfende Übungen sind vorbereitend hilfreich. Sie erzeugen einen meditativen, kopfentleerenden Zustand. Manchen Menschen wird bei zu vielen Atemübungen schwindlig. Entscheiden Sie sich für eine von beiden Übungen, um das Außen zu vergessen und sich selbst zu spüren. Mit etwas Training können Sie easy diese Atemimpulse auf Stresssituationen übertragen, weil Sie wissen, wie sich das anfühlt, damit es Ihnen körperlich gut geht. Nutzen Sie die Verlangsamung des Atemflusses als beruhigenden Körperanker für Ihren persönlichen Redestil. Durch diese geschmeidige Atmung wird mehr Kalzium erzeugt, Ihr Adrenalinpegel runtergefahren und Sie können wieder mehr Areale ihrer Großhirnrinde benutzen und ruhiger beim Sprechen agieren.

Um Stress herunterzufahren, haben Sie noch eine weitere Option, die Sie unbedingt nutzen sollten.

Easy Trick 2: Erzeugen Sie bewusst Dopamin!
Dopamin ist ein Hormon, im Volksmund auch als Glückshormon bekannt. Es wird in den Nervenendungen und im Nebennierenmark gebildet. Wer an Dopaminmangel leidet, kann Bewegungsimpulse nicht mehr oder nur sehr langsam weiterleiten. Er dient im Gehirn der Kommunikation der Nervenzellen untereinander. In Redesituationen mit selbstbewertenden, negativen Gefühlen mangelt es häufig an diesem regulierenden Neurotransmitter, was zu Zittern, Muskelversteifung, Standunsicherheit oder Ähnlichem führen kann. Durch eine gesunde Ernährung bereiten Sie sich gut vor, um den Körper ausreichend mit Dopamin zu versorgen. Wer Nüsse, Paprika, Bananen, Möhren oder Geflügel konsumiert, erhöht den Dopaminspiegel. In einigen der aufgeführten Lebensmitteln ist auch das Wohlfühlhormon Serotonin enthalten. Eine ausgewogene Ernährung unter-

stützt die Körper-Kopf-Balance beim Sprechen. Vielleicht lassen Sie die gewohnte Tasse Kaffee vor dem nächsten herausfordernden Gespräch besser stehen und trinken lieber einen Basentee? Ich bin davon überzeugt, wenn wir auf uns achten und unsere körperlichen Prozesse besser einschätzen können, fühlt sich alles – auch Herzklopfen im unpassenden Moment – nicht mehr ganz so schlimm an.

Wer seinen Körper gut und ausgewogen ernährt, kann besser denken und sprechen. So einfach funktionieren wir. Manchmal hilft auch ein Stück Schokolade, oder wir legen uns einen vertrauten Gegenstand in den Raum und benutzen diesen als Dopamin-Anker. Glückshormone schütten sich ähnlich spontan wie Stresshormone aus. Dopamin breitet sich gern in unserem Körper aus, wenn wir gelobt werden, uns etwas Neues gönnen, etwas Schönes sehen oder Zustimmung erhalten. Diesen Gedanken sollten Sie sich zunutze machen. Stimulieren Sie sich durch eine Belohnung, und stoppen Sie so den stressigen Fluchtmodus, in den Ihr Körper hormonell verstrickt wurde. Das kann durch das Wahrnehmen eines Lächelns im Publikum sein, durch mein eigenes Lächeln oder etwas Vertrautes, das Sie bewusst mit in die Situation nehmen. Ein Gegenstand, der Sie mit guten Gefühlen belohnt, wenn Sie ihn wahrnehmen. Das kann übrigens auch ein Stück Schokolade vor der Redesituation sein, denn Schokolade erhöht den Dopaminspiegel.

Hormonelle innere Prozesse, die nach außen sichtbar sind (zum Beispiel Zittern, Erröten), stören und werden schnell als negatives körperliches Manko bewertet. Ein errötetes Gesicht kann sympathisch, engagiert wirken. Es liegen oft Welten zwischen der eigenen Wahrnehmung von Stress und dem, was andere in unserem Umfeld davon tatsächlich wahrnehmen. Gegen sich selbst anzukämpfen, ist keine leichte Sache. Viel besser ist es zu akzeptieren, dass Sie jemand sind, der oder die leicht errötet. Sie sind nun mal eine begeisterte, körperlich glühende Rednerin, die für ihre

Inhalte brennt. Errötungen fühlen sich innerlich oft stärker an, als sie nach außen wirken. Dennoch behindern Hitzewallungen das Sprechen.

Um derartigen körperlichen Stress zu reduzieren, gibt es eine einfache Grundregel:

Die s-b-r-Formel

Lassen Sie sich genügend Zeit beim Auftakt zum Sprechen. Reden Sie nicht unkontrolliert los, sondern kommen Sie in Ruhe in der Sprechsituation an. Die *Easy Trick Einstiegsformel* hilft dabei:

- s-tehen (Phase der Selbstkontrolle)
- b-licken (nonverbal in Dialog mit dem Publikum bzw. Gegenüber treten)
- r-eden (erst jetzt mit dem Reden beginnen)

Sie trainieren mit dieser Formel ein bewusstes Ankommen in einer fremden Atmosphäre. So treten Sie nicht mehr mit Verlegenheitssätzen («Ich möchte gerne gleich ganz kurz einen Vortrag halten ...») vor eine Gruppe, sondern üben das Aushalten von Zeit und selbstbewusstem Managen der eigenen Wirkung auch ohne Worte. Das fällt ungeduldigen Schnellsprechern schwer. Und ist für Menschen, die stressige Auftritte, Vorträge oder Wortbeiträge schnell hinter sich bringen wollen, eine echte Herausforderung. Dabei handelt es sich hier nur um Sekunden, die so wichtig sind, damit Sie körperbewusst und sicher von Anfang an starten und nicht in den Sog einer Stressschleife des »viel zu früh« und »nicht mehr rückgängig zu machenden« geraten.

Mit der s-b-r-Formel stoppen Sie den Impuls, immer gleich los- bzw. weiterzureden. Sie trainieren eine als unangenehm eingeschätzte Situation schweigend auszuhalten, bevor Sie das Wort ergreifen. Es gibt Menschen, die fangen vor lauter Unruhe und Erwartungsdruck schon an zu sprechen, bevor sie gedanklich und körperlich bereit dafür sind. Sie erhöhen dadurch die Aufregung und überfordern zum Beispiel den Stimmapparat. Es gibt dann kein Zurück mehr. Der Zug ist abgefahren, bevor Sie bewusst eingestiegen sind. Wer den Mut aufbringt, sich Zeit für ein körperbewusstes Handeln zu lassen und mit einem langsameren Rhythmus in Sprechsituationen startet, kann situationssicherer agieren und ohne Druck entschleunigt und sortiert das Wort ergreifen.

In der »stehen-Phase« sind Sie ganz bei sich. Sie müssen noch nicht einmal in den Raum schauen, sondern konzentrieren sich darauf, wo und wie Sie mit dem nun gleich folgenden Redebeitrag beginnen möchten. Atmen Sie dabei ganz entspannt ein und aus und stellen Sie sich in einer souveränen Ansprechhaltung auf. Vielleicht gibt es zwei, drei Befehle, die Sie für Ihre persönliche Körperpräsenz im Raum haben (zum Beispiel breite Schulter, Flankenatmung, locker und breit stehen).

Wer sich keine Zeit für eine bewusste Selbstkontrolle zu Beginn lässt, riskiert die Gefahr, unbedachte Körperreaktionen zu zeigen. Das kann ein Schritt weg vom Publikum nach hinten sein. Das wirkt unsicher und wie eine Flucht aus der Situation, wenn Sie bereits sprechen. Gehen Sie den gleichen Schritt nach hinten, während Sie noch in der »s-tehen-Phase« sind, ist das nicht weiter tragisch. Sie haben ja noch nicht mit dem Reden angefangen, sondern bauen sich erst noch im Raum auf. Stellen Sie sich so auf, dass Sie Schritte nach vorn gehen, das wirkt ansprechender im Verlauf eines Vortrages.

Was ich hier sehr genau beschreibe, läuft in der praktischen Anwendung in Sekundenschnelle ab und dauert nicht länger als Ein- und Ausatmen. Keiner erwartet, dass Sie sofort loslegen mit Reden, gönnen Sie sich diese Zeit für sich! Teilnehmende aus meinen Kursen waren fasziniert davon, wie gut diese Selbstberuhigung vor Beginn des Sprechens tut und für Klarheit und mehr Selbstsicherheit sorgt. Eins nach dem anderen zu tun, stärkt das Selbstvertrauen. Erst konzentrieren Sie sich auf Ihre Person und blenden die eventuell stresseinflößende Situation so gut es geht aus.

Wenn Sie kontrolliert angekommen sind, ist das B-licken der nächste wichtige Anker. In der »b-licken-Phase« treten Sie in den Dialog mit dem Gegenüber. Auch das geschieht ohne Worte. Sie nehmen nonverbal Kontakt mit den Menschen auf, die jetzt auf Ihren Redebeitrag warten. Falls Sie das nervös macht, fokussieren Sie neutrale Punkte im Raum und atmen Sie bewusst durch die Nase ein. Erst wenn Sie wieder ausatmen, sprechen Sie los. Das ist für die Stimmlage wichtig. Achten Sie besonders am Anfang darauf: Vor jedem Reden erst mal ausatmen! Vermeiden Sie es, Unmengen von Luft einzuatmen, um dann sofort loszusprechen. Die Stimme wird auf diese Art und Weise von der Stimmlage her höher und uns möglicherweise noch zusätzlich verunsichern, weil sie so merkwürdig klingt. So vergrößern wir die Aufregung nur unnötig. Nutzen Sie Ihre Atmung lieber als beruhigenden, stimmstärkenden Fluss, indem Sie ausatmen und in die Atempause sprechen. Probieren Sie es gleich mal aus, Sie werden den Unterschied in Ihrer Stimmlage hören (vgl. Kapitel 2).

Wenn Sie anfangen zu reden, also in der »r-eden-Phase«, beginnen Sie am besten mit einem Eisbrecher zum Publikum (vgl. Kapitel 3). Sie schlagen so auch verbal eine Brücke zu den Zuhörenden und deren Belangen. Sie werden als Sprecher wahrgenommen, der sich gut vorbereitet hat und die Zielgruppe kennt. »Mit wem spreche ich wo?« Damit starten Sie und erreichen wirkungsvolle Aufmerksamkeit. Sie müssen sich nicht gleich in den ersten Sekunden erklären, erst nach diesem Vorgeplänkel leiten Sie zum Vortrags- oder Besprechungsthema über und stellen sich als Sprecherin vor.

Der lateinische Ausdruck für dieses Ziel zu Beginn einer Rede lautet *captatio benevolentiae* (übersetzt: Erheischen des Wohlwollens) und war in der Antike eine gebräuchliche rhetorische Figur. So gewinnen Sie von Anfang an Sympathie, sorgen für eine Schnittmenge mit den anderen und fühlen sich gleich wohl vor der fremden Gruppe und minimieren Stress. Sie steuern das Geschehen und überlassen sich nicht kampflos der Situation. Dadurch wird aus einer ängstlichen Erwartungshaltung eine selbstbewusste Ansprechhaltung. Sie reduzieren Stresshormone und erzeugen stattdessen Dopamin – also ein Glückshormon, denn Sie gehen auf die Gruppe und die bevorstehende Situation ein und sorgen von Anfang an für eine inhaltliche Schnittmenge, einen Gemeinplatz. Mit-teilen statt vor-tragen!

Die s-b-r-Formel sorgt auch während eines Redebeitrags für Entschleunigung. Nach abgeschlossenen, inhaltlichen Gedankengängen sind Schweigepausen ein gutes Instrument, damit die Botschaften vom Gegenüber verarbeitet werden können. Es hilft sehr, sich immer wieder zu sagen, die anderen hören das zum ersten Mal. Die wissen gar nicht, was ich alles vorbereitet habe. Drosseln Sie die Geschwindigkeit, das wirkt souverän und sortiert auf andere. Sie müssen nicht permanent Inhalte nachliefern. Wer weniger Worte benutzt, hat mehr Zeit für Pausen! Genießen Sie Momente des bewussten S-tehens und B-lickens und denken Sie dabei positive Sätze Richtung Gesprächspartner: »Interessant, was ich alles so weiß.« oder »Da haben sie was Neues gehört!« oder »Das wussten sie bisher nicht!« Diese Pausen nehmen Druck raus und schenken Ihnen Gelassenheit.

Ein gut sortierter Einstieg und Ausstieg

Das kann auch bei Bewerbungsgesprächen, Verhandlungen jeglicher Art gut funktionieren. Es ist von Vorteil, entschleunigt und selbstbewusst auf Fragen zu reagieren. Niemand zwingt uns, sofort loszusprechen. Es reicht aus, zunächst easy anzukommen im Sinne von körperlichem Erscheinen (selbstkontrolliert stehen/sitzen), dann per Blickkontakt die Brücke zum Gegenüber zu schlagen (selbstbewusst auf die Person/en und die Situation blicken) und erst dann lossprechen. Das wirkt besonnen, sortiert und selbstbewusst. Nutzen Sie die Zeit für Ihre Sauerstoffversorgung und atmen Sie genüsslich mit der Nase ein und druckentleerend aus den Flanken oder dem Bauch aus. Sie wirken stimmig, weil die Formel Ihnen hilft, eins nach dem anderen zu tun.

Gute Rhetorik braucht genügend Zeit, damit Sie sich sprachlich souverän ausdrücken und nicht unbedachte Inhalte äußern. Für einen wirkungsvollen persönlichen Redestil können Sie Stress nicht gebrauchen, und der entsteht oft noch zusätzlich durch Verlegenheitsgerede, das keine Lücke zum Atmen lässt. Pausieren Sie lieber und gönnen Sie sich eine Zwischenatmung mit einem 6aus-2ein-6aus-2ein-Rhythmus. Je tiefer Sie in den unteren Atemraum atmen, desto leichter pegeln Sie mit dieser kleinen Bewegung der Luftzirkulation stressbedingtes Herzklopfen herunter.

Wenn Redner vor lauter Aufregung nichts vergessen möchten, passiert es häufig, dass sie Kernpunkte wie etwa die Nennung des eigenen Namens aussparen, weil sie denken, Sie hätten diesen schon gesagt, obwohl Sie das nur gedacht haben. Wer relevante Basisinformationen überspringt, erinnert sich oft nicht mehr daran und könnte schwören, seinen Namen genannt zu haben. Doch Fehlanzeige, keiner im Publikum kann sich an Ihren Namen erinnern. Sie haben diesen unbewusst unterschlagen, denn es hat Ihrem Gehirn offenbar gereicht, den Namen zu denken.

Dieses Phänomen taucht auf, wenn wir zu viele Gedanken gleichzeitig im Kopf haben und zur Fülle der Informationen auch noch ein Quäntchen Stress hinzukommt. Damit das nicht mehr passiert, formulieren Sie einfache Wer-, Was-, und Wie-Fragen. Gerade bei Anfangsaufregung helfen sortierende Fragen enorm, denn die fremden, erwartungsvollen Blicke aus dem Publikum werden bedient. »Jetzt fragen

135

Sie sich sicher, wer ich bin?« ... »Worüber spreche ich heute zu Ihnen?« ... »Wie gestalten sich die nächsten fünf Minuten?« ... So wird aus der unbekannten angst- und stresseinflößenden Masse ein kommunikatives Gegenüber, für das Sie die Fragen und Antworten parat haben. Zudem darf unsere Stimme bei Fragen am Satzende hochgehen. Da es vielen Menschen gerade zu Beginn eines Wortbeitrags schwerfällt, am Satzende die Stimme zu senken (vgl. Kapitel 2 Thema Abspannen), liefert eine Frage eine hervorragende grammatikalische Lösung. Bei einer Frage darf die Stimme am Satzende hochgehen. Mit Hilfe dieses einfachen rhetorischen Tricks hält die Stimme durch –, auch wenn hormonell bedingt Stresshormone die Nutzung der Stimmbänder erschwert und Auswirkungen auf ihre Stimmlage hat. Mit diesem Fragetrick umgehen Sie mittels Satzbau, Grammatik und kommunikativer Interaktion stimmliche Probleme und nutzen eine trotz Stress passende Sprachmelodie und Betonung.

Ein gut sortierter Einstieg ist ein Sicherheitsanker beim Sprechen. Doch bitte denken Sie auch an den Schluss. Wie heißt es so schön: Das Ende bleibt haften. Häufig enden Redebeiträge mit lapidaren Sätzen wie »Gibt es noch Fragen?« Sie haben trotz feuchter Hände, Herzklopfen usw. bis zum Ende durchgehalten und machen sich so kurz vor der Ziellinie alles kaputt.

Schließen Sie längere Redebeiträge mit der *Ausstiegsformel* ab:

- s-tehen (nach einem pointierten Schlusssatz bleiben Sie präsent stehen)
- b-licken (nonverbales Abschiedslächeln)
- g-ehen (geordneter Rückzug)

Viele Menschen fliehen aus Vorträgen oder zeigen am Ende mimische Entgleisungen im Gesicht oder sagen Sätze wie

»Ich glaube, ich bin jetzt fertig …« oder geraten in Selbstgespräche wie »Habe ich jetzt alles?« Durch solche Verhaltensweisen oder Sätze demontieren sie alles, was vorher war und wirken unsicher. Was bis hierher stattgefunden hat, wirkt aufgesetzt und erzwungen. Widerstehen Sie einem schnellen, unsortierten Flüchten aus der Situation und bleiben Sie authentisch offen. Ein Vortrag wirkt rund, wenn Sie am Schluss wieder beim Anfangsgedanken anknüpfen oder Sie einen verstärkenden Impulssatz an ihre Zuhörer geben, der beiläufig wirkt. Dass Sie sich zu Hause stundenlang Gedanken über diese letzte Botschaft gemacht haben, braucht ja niemand zu wissen.

Easy Tricks zur Minimierung von Aufregung und Stressattacken

- Blackout-Strategien nutzen
    - → Starten statt warten
    - → Gedanklich in die Vergangenheit zurückgehen
    - → Körperliche Bewegung im Raum
- Körper gegen Stress wappnen
    - → Easy Trick 1: Versorgen Sie Ihren Körper mit genügend Kalzium!
    - → Easy Trick 2: Erzeugen Sie bewusst Dopamin!
- Easy-Trick-Einstiegsformel:
    - → s-tehen (Selbstkontrolle: Stehe ich souverän im Raum?)
    - → b-licken (nonverbaler Brückenschlag zum Publikum: Blicke ich offen auf die Situation vor Ort?)
    - → r-eden (erst nach einer Ein- und Ausatmung in die Atempause der Ausatmung sprechen: Rede ich in einer sicheren Tonlage?)
- Easy-Trick-Ausstiegsformel:
    - → s-tehen (nach einem gut überlegten letzten Satz locker stehenbleiben)
    - → b-licken (souveräner Blick ins Publikum, das viel von Ihnen lernen konnte)
    - → g-ehen (geordneter Rückzug ohne mimische Entgleisungen o. Ä.)

**Meine Easy Trick gegen
Stress beim Sprechen:**

....

....

....

....

....

....

....

....

....

....

....

....

....

Easy Trick 8

Einfach reden – Sachkompetenz und lockeres, authentisches Erzählen im Redestil vereinen

Bei den Begriffen Wasserstoffperoxid und Natriumperborat sehe ich sofort das Gesicht meines damaligen Chemielehrers vor mir. Wie er da im Fachraum steht und aus seiner ausgebeulten Ledertasche nicht die Klausurergebnisse des letzten Tests herauszieht, sondern eine alte Jeanshose. Er fängt an zu erklären, wie er seine alte Hose in der Waschmaschine gebleicht hat. Er lässt beiläufig ein paar Fachbegriffe aus der Welt der chemischen Prozesse fallen und beschreibt, wie er, ausgerüstet mit Gummihandschuhen, die Jeans vorpräpariert hat, um ein Muster zu erzeugen. Das Ergebnis zeigt er stolz in der Klasse herum. Ich erinnere mich an zwei farblich verschiedene Hosenbeine und daran, dass Bleichmittel sogenannte Oxidationsmittel sind. Er erzählt davon, dass man aus Rücksicht für die Umwelt heutzutage Oxidationsmittel durch Sauerstoff-basierte Verfahren ersetzt hat. Diese einfache, anschauliche Geschichte mit der Bluejeans in der Waschmaschine reißt eine Klasse von mehr als 30 Schülern mit. Nach dieser lockeren Einführung ins Thema stehen innerhalb kürzester Zeit Formeln an der Tafel, und eine kurzweilige Chemiestunde mit Fachwissen und Anwendungsbeispiel bleibt unvergessen und einzigartig.

Mein Chemielehrer hat es geschafft, langweiliges Fachwissen schülergerecht – besser gesagt zielgruppenspezifisch – und für jedes Lernniveau passend zu veranschaulichen. Schüler mit völlig unterschiedlichem Interesse müssen kommunikativ alle gleichzeitig mitgenommen werden. Das ist eine engagierte Angelegenheit und gelingt meinem Chemielehrer durch seine unmissverständliche Hosengeschichte. Diese lebensnahe Form der Wissensvermittlung zu wagen, erfordert einen engagierten, persönlichen Stil beim Reden. Einfache Worte und Beispiele zu benennen, ist oftmals komplizierter und vorbereitungsintensiver, als im üblichen Fachjargon zu sprechen. Wir haben schon in Kapitel 3 über eine verstärkende Wortwahl gesprochen. Dass wir durch »abweichendes« Wortvokabular bewusst eine emotional anschauliche Ebene beim Sprechen nutzen können. Durch Formulierungen wie »pfiffig«, »galant«, »läuft wie geschmiert« entstehen neue sprachliche Welten, die den Menschen, der sie ausspricht, als lebendige Persönlichkeit ohne Maske zeigt.

Für Menschen aus technischen oder medizinischen Berufen sind narrative Erzählpassagen in Meetings eher Mangelware. Das passt nicht zu den erwarteten Fachinformationen und wirkt nicht professionell, wenn zu viele beispielhafte Exkurse oder blumige Worte vom Kerninhalt abweichen. Es darf nicht zu plakativ werden, höre ich von Teilnehmenden in Kursen. Doch was genau darf nicht sein?

Wie häufig habe ich Vorträge gehört oder Gespräche geführt, die fachlich anspruchsvoll, aber langweilig, statisch und unnötig kompliziert waren. Es erwartet niemand eine trockene Beschreibung der Sachlage bzw. des Themas. Es muss sachlich richtig sein, doch uns verbietet niemand, einen rhetorischen Stil zu benutzen, der dramaturgische Bögen schlägt und gelegentlich sogar unterhaltsam ist. Wir können beim Reden einer Spannungskurve folgen, mit der es gelingt, für Aufmerksamkeit zu sorgen und verständlich leicht und offen schwierige Inhalte zu demonstrieren. Wirkt ein Redner selbst schon erschlagen von dem, was er zu sagen hat, wird es meist auch für die Zuhörenden anstrengend. Die Empfänger schweifen ab, da anschauliche Anhaltspunkte fehlen und sie selbstständig aus der gleichförmigen Informationsflut auswählen müssen. Einfach sprechen erfordert den Gebrauch von zusätzlichen Stimulanzen. Das können Piktogramme, Anschauungsmaterial und auch Geschichten sein. Der Kommunikationstheoretiker Schulz von Thun beschreibt die zusätzliche Stimulanz als sprachliches Instrument, um durch Anschaulichkeit beim Sprechen Verständlichkeit zu erreichen.

Mündliche Überlieferungen und der kommunikative Austausch in der Antike waren geprägt vom Redestil mit erzählerischer Note. Emphatisch engagiert übermittelten die Redner mit vielfältigen rhetorischen Werkzeugen Senatsbeschlüsse, Gesetzentwürfe oder Reformbewegungen. Sie nutzten das Narrativ als wichtigen Bestandteil der gesprochenen Sprache. Viele Menschen wollen nach wie vor Geschichten hören – so wie früher als Kinder –, statt in langatmigen Ausführungen etwas über die Vor- und Nachteile des aktuellen Produktdesigns zu erfahren. Wer das bedenkt, braucht sich nicht mehr darüber zu wundern, warum einige prominente Menschen so authentisch wirken. Diese Sprecher haben sich einen Funken kindlichen Erzählens bewahrt und nehmen die Inszenierung ihrer Person mit klarem persönlichem Statement bei jedem Redeauftrag an. Dabei ist es zusätzlich hilfreich, sich spontan in diversen Sprechsituation zurechtzufinden.

In vielen Medienauftritten zeigt der deutsche Bundeswirtschaftsminister und Grünenpolitiker Robert Habeck, wie das einfache und klare Reden funktionieren kann. Wie er Sachverhalte benennt und auf die Kommunikationssituation reagiert, wirkt stimmig. Er ist als Verantwortungsträger authentisch im Sinne der Sache unterwegs. Wie Robert Habeck es schafft, wichtige Sachinformationen und einen lockeren, authentischen Redestil zu vereinen, zeigt zum Beispiel sein Medienauftritt am 9. Mai 2022 recht gut. Er besuchte an diesem Tag die PCK-Raffinerie in Schwedt und musste dort vor der Belegschaft sprechen. Rund 1200 Mitarbeiter der Raffinerie bangten angesichts des geplanten Ölembargos gegen Russland um ihren Arbeitsplatz. Der Andrang an Zuhörenden ist größer als geplant, sodass die Veranstaltung kurzfristig nach draußen vor die Werkhalle verlegt wird. Es wird vom Bundesminister erwartet, dass er die Kernfrage beantwortet: Wie geht es für die Belegschaft in Schwedt weiter?

Auf der Terrasse steigt Habeck mit dem Mikrofon in der Hand auf einen Tisch, um besser gehört zu werden. Er trägt ein schwarzes Hemd mit aufgekrempelten Ärmeln und eine schwarze Anzughose. Den Tisch erklimmt er etwas ungeschickt, schafft es aber einigermaßen sportlich, sich auf dem so umfunktionierten Sprechertisch zu positionieren. Vielleicht ist sein Stolpern auch einer leichten Nervosität geschuldet, denn er weiß, jetzt bin ich im Mittelpunkt, wenn ich da hochklettere, gucken alle zu. Doch er tut es, um authentisch mit der neuen Situation draußen umzugehen.

Er spricht von dort oben auf menschlicher Augenhöhe zur Belegschaft. Sein Job ist es, die Fragen nach der Zukunft des Standortes Schwedt zu beantworten. In einem verständnisvollen Ton spricht er die Arbeiter und Arbeiterinnen an: »Ich will Sie nicht verkackeiern und Ihnen auch nicht irgendwie den Himmel rosarot malen. Es kann sein, dass es an irgendeiner Stelle hakt, es kann sein, dass irgendwas nicht funktioniert.« Aber wenn sein Plan aufgehe, dann habe das Werk Zukunft und Perspektive. Seine Rede hatte eine klare Dramaturgie und drei Elemente, die zusammenkommen müssen, damit dieser Plan aufgeht, erklärte Habeck anschaulich und verständlich: Erstens die Vorbereitungen für neue Öllieferungen aus anderen Ländern über Schiffe via Rostock. Zweitens die Finanzhilfen des Bundes für mögliche Mehrkosten nach der Umstellung –, denn das Öl aus anderen Quellen ist teurer. Und drittens eine mögliche Treuhandstruktur anstelle des bisherigen Betreibers Rosneft. »Wenn alles drei klappt, dann haben Sie eine Jobsicherheit für die nächste Zeit«, verspricht Habeck glaubwürdig sachlich und für jeden nachvollziehbar. Er schließt seine Rede mit einem klaren Bekenntnis zu dem gefährdeten Standort ab: »Wir brauchen Schwedt.« Das wirkt spontan, ist jedoch ein klarer Motivationsappell und beruhigender Satz, vorinszeniert und wie in der antiken Tragödie gesetzt.

Das ist weit mehr als Storytelling, das ist Redekunst mit logischem, argumentativem Tiefgang. Es spricht dort ein Mensch, der durch seinen persönlich klaren und offenen Redestil zeigt, dass er sich Mühe gibt in seinem Ministerium, für die wirtschaftlichen Belange der Bevölkerung Sorge zu tragen. Es sticht zwischen den Worten eine Haltung heraus, die alles, was gesagt wird, überformt. Biografische Prägungen müssen nicht glattgebügelt werden. Erfahrungen mit schwierigen Umständen kennt dieser Redner, der schon als Agrarminister Tag für Tag Überzeugungsarbeit geleistet hat. Er redete nichts schön, sondern bewahrt sich seine Art und Weise, die Dinge klar zu benennen und mit einer Unermüdlichkeit durchs Leben zu gehen. Er hatte die richtigen Worte im richtigen Moment und mit einer authentisch passenden Geste zur Stelle. Bei dieser Bühnensituation hätten auch faule Eier oder Tomaten durch die Luft fliegen können.

Bevor Sie einfach reden können – besonders, wenn Ihr Gegenüber Ihnen nicht wohl gesonnen ist oder Sie auf dem Prüfstand stehen – positionieren Sie sich als Person mit einer bewussten Haltung zu Themenfeldern und Inhalten, über die Sie sprechen. Welchen Gewinn haben die Zuhörenden davon, dass Sie ausgerechnet Ihre Analyse, Beschreibung hören? Finden Sie heraus, welche biografischen Anknüpfungspunkte Sie zum Thema und der Situation haben. Diese zu kennen reicht aus. Sie müssen darüber nicht sprechen. Wenn Sie sich bewusst sind, wie reichhaltig Ihr Lebensweg ist und welchen einzigartigen Erfahrungsschatz Sie im Gepäck haben, fällt Ihnen mit Sicherheit auch spontan eine er-

zählenswerte Lebensweisheit oder eine Geste ein, die Sie bei-
steuern könnten.

Befragen Sie sich selbst einmal in Ruhe:
- Was ist mir wichtig im Leben?
- Gibt es Fragen, die mich schon immer beschäftigt haben?
- Was sind meine Lieblingsbücher, Lieder, Aktivitäten, Talente?
- Welche Momente haben mich geprägt?
- Was war ich für ein Kind? Was zeichnet meine Schullaufbahn und berufliche Ausbildung aus?

Finden Sie in einem Persönlichkeitstest heraus, wo Sie gerade im Leben stehen. Dies sind nur ein paar Anregungen, um biografische Erinnerungen zu aktivieren, die leider im Laufe des Lebens oft in Vergessenheit geraten. Entdecken Sie Ihr Profil neu oder holen Sie gute, alte Angewohnheiten hervor, die auch Ihre Mitmenschen wertschätzen werden. Was Sie in einer Unterhaltung oder in einem Vortrag als einzigartige, persönliche Note von sich zeigen möchten, liegt in Ihrer Entscheidung. Es wäre schade, wenn Sie es beim Reden verpassen, einen Funken von Ihrem Esprit zu verstreuen, der zwischen der Sachinformation hervorblitzt in *Ihren* Momenten. Solche Momente können auch mitteilende Passagen sein, in denen Sie in Dialog mit dem Publikum treten, etwa durch Sätze wie »Als nächsten Punkt gehe ich auf die Fragestellung so und so ein ... Ich war bei der Vorbereitung fasziniert, dass unsere Studie besonders bezüglich eines Aspekts für Aufmerksamkeit gesorgt hat ...«
Das Einordnung der Inhalte zeigt Souveränität. Wohin geht die Reise bei diesem Redebeitrag oder dieser Präsentation? Einblicke hinter die Kulissen der Materie und die eigene Haltung zum Redeinhalt sorgt für Authentizität und erklärt, warum Sie die Fachexpertin sind. Sie müssen nicht zu

persönlich von sich erzählen, es reicht, wenn Sie Momente einbauen, die klar hervorheben, dass Sie die Inhalte durchdrungen haben und beherrschen.

Es ist nicht peinlich oder langweilig zu sagen:»Ich werfe jetzt mal einen Blick auf meine Notizen und prüfe, ob wir über alle wichtigen Punkte gesprochen haben ...« Nach einem solchen Satz können Sie eine Redepause einlegen, kurz nachlesen und müssen nicht unruhig werden. Sie haben ausgesprochen, was Sie tun. Wer beschreibt, was er macht, unterstützt sich und seinen Sprechrhythmus. So wirken Sie authentisch und vermeiden einen unangekündigten, hektischen Blick in die Unterlagen, den Ihr Gegenüber als plötzliche Unsicherheit deuten könnte. Oft trauen ungeübte Sprecher sich nicht, entschleunigt und ihrem persönlichen Rhythmus entsprechend zu reden. Dabei ist es so leicht und ein Easy Trick, mit sortierenden Sätze Bedeutsamkeitssignale zu setzen und in diesen Momenten als souveräner Sprecher wahrgenommen zu werden.»Jetzt komme ich zum Schluss meiner Ausführungen ...« ist keine überflüssige Formulierung, wenn sie Ihnen hilft, sich für den Moment zu sammeln und Kraft und Atem für den nächsten Gedankengang zu schöpfen. Zuhörende freuen sich nach der Erörterung verschiedener Sachverhalte oder komplexer Inhalte über finale Wiederholungssätze wie zum Beispiel:»Nun haben wir über xyz gesprochen und dabei festgestellt, dass ... Nun kommen wir zu ...« Durch derartige zeitstoppenden und auf die Dramaturgie der Inhaltsvermittlung eingehenden Formulierungen wirken Sie kompetent, auch wenn Sie nichts Neues liefern, sondern das Gesagte nur in den Kontext des Gesagten einordnen.

Ein guter Nebeneffekt ist es, dass Sie durch diesen Trick ihre Authentizität erhöhen werden. Denn Sie sprechen über das, was Sie vorhaben und was Sie getan haben und können in solchen Redephasen im Moment und ganz bei sich sein. Und trauen Sie sich, bei einem Vortrag bewusst Trinkpausen

einzulegen und charmant ins Publikum zu schauen, bevor
Sie erneut das Wort ergreifen.

Die t-t-t-Formel

Planen Sie schon bei der Vorbereitung kleine Inseln des persönlichen Brückenschlags ein. Das kann eine kurze Trinkpause nach jedem größeren Gedankenblock sein, ein stilles
Umblättern im mitgebrachten Redeskript, dem ein fokussierter Pausenblick ins Publikum folgt oder eine persönliche
und entspannte Geste, die Ihr Interesse für die Situation und
die zuhörenden Gäste unterstreicht. Zeigen Sie so, dass Sie
eine selbstbewusste Haltung zum Gesagten haben und Zeit
mitgebracht haben. Dann wirken Worte und Handlungen
wohlüberlegt und Sie niemals so, als wären Sie der sprecherischen Aufgabe nicht gewachsen.

Oft kommen Menschen zu mir, die ihr Fachwissen auf
viel zu vielen Folien für ihre PowerPoint-Präsentation aufgeschrieben haben. Bei so viel Material bleibt wenig Zeit für
authentische Momente, in denen die Art der Sprechweise
dem Vortrag einen souveränen Touch gibt. Hier könnte ir-
gendwer die Folien ablesen und über ein inhaltlich reichhaltig präsentiertes Thema reden. Es ist schade, wenn zu viel
verschriftlichtes Material eine persönlich interaktive Kommunikation verhindert. Manche Redner merken es gar nicht,
wenn sie irgendwann nur noch seitlich oder mit dem Rücken
zum Publikum stehen und die PowerPoint-Folien mitlesen.
Das ist kein souveräner Umgang mit unterstützenden Hilfsmitteln. Sie und Ihr Redestil sollten nach wie vor im Mittelpunkt stehen und nicht das veranschaulichende Material.
Das kann auch eine Flipchart, Tafel oder ein Whiteboard
sein. Mit Hilfsmitteln, statt mit dem Publikum zu sprechen,
verhindern Sie mit dieser Formel.

Die t-t-t-Formel erinnert Sie daran, dass Sie trotz vieler

Folien als Rednerin die Inhalte zwar zeigen können, aber zu den Zuhörenden sprechen. Und zwar nicht mit dem »Hinterteil«. Folgender Ablauf bewahrt Sie davor, sich selbst zu demontieren und zu Hilfsmitteln zu sprechen:

- t-ouch
- t-urn
- t-alk

Sobald Sie auf unterstützendes Hilfsmaterial zurückgreifen, das sich hinter Ihnen an der Wand befindet, drehen Sie sich in diese Richtung und berühren die Veranschaulichung. Es gibt auch Situationen, in denen Redner etwas während eines Vortrages anschreiben. Nicht reden, wenn Sie schreiben! Es gilt die Regel, eins nach dem anderen. Sie weisen auf das Hilfsmittel hin (touch), dann drehen Sie sich wieder zum Empfänger (turn) und erst dann wird wieder gesprochen (talk).

Wenn Sie das ausprobieren, werden Sie merken, wie einfach das Reden wird. Sie haben Zeit, in Ruhe etwas anzuschreiben und können währenddessen sogar noch eine entspannte Naseneinatmung machen oder eine Lockerung der Kehlkopfmuskulatur (Pleueln). Sie schauen bewusst zum veranschaulichenden Material und sind für diesen Moment kurz beschäftigt mit Schreiben, zeigen, berühren. So haben Sie wunderbare Pausen für sich, und auch das Publikum kann erst mal lesen, was dort steht, und erst dann, wenn Sie sich erneut zum Gegenüber wenden, sprechen Sie weiter. Das mag Ihnen komisch vorkommen, denn häufig ist der Impuls da, permanent zu sprechen. Doch die Botschaften sind durch Hilfsmaterial vielschichtiger geworden. Damit Sie als Redner auch weiter die volle Aufmerksamkeit haben, machen Sie in diesen Momenten nicht zu viel gleichzeitig. Damit nehmen Sie sich selbst Ihre Wirkung, zumal visuelle Reize auf viele Menschen stärker wirken als auditive.

Also. Lassen Sie das Hilfsmaterial wirken und sprechen

Sie dann erst weiter. Am besten Sie ordnen das, was Sie zur Veranschaulichung mitgebracht haben, ein. Nach einer Passage mit viel inhaltlichem Fachinput freut sich das Kollegium oder der Kunde über Sätze, die Servicecharakter haben. Oft erklären und beschreiben wir viel zu schnell, denn wir vergessen oft, dass die anderen unsere aufbereiteten Inhalte zum ersten Mal sehen beziehungsweise hören und nicht alles sofort verstehen und einordnen können. Das ist der Part eines verständlichen Sprechers: sein Gegenüber in den vorbereiteten Pool an Sachinformationen erfolgreich mitzunehmen. Das kann sich beispielsweise so anhören:

»Jetzt werden Sie sich fragen, warum diese Produktfarbe von Vorteil ist? Ich bin in regem Austausch mit Kollegen in Hamburg. Dort sagte ein Mitarbeiter bei einer der letzten Besprechungen zu mir: ›Was für eine gute Idee ...‹« Sie liefern so Bewertungen, Einordnungen mit, die einen Fachvortrag bereichern können und zeigen, dass Sie nicht nur Wissen rekapitulieren, sondern auch in der Lage sind, als Redner eine Position zu einem Forschungsergebnis zu beziehen. Sie reden nicht nur über etwas, sondern Sie haben auch eine Haltung zu etwas.

Trainieren Sie das Wechselspiel zwischen folgenden Sprechweisen:
    a) statisch/formell
    b) deskriptiv
    c) narrativ mit direkter Rede

Stellen Sie sich vor, Sie erklären für ein Demonstrationsvideo ganz statisch und formell die Benutzung eines neuen Produkts, das von Ihrem Unternehmen entwickelt wurde. Alternativ können Sie auch den Gebrauch einer Wasch- oder Kaffeemaschine *statisch-formell (a)* erklären. Sie werden feststellen, dass Sie eine distanziert sachliche Sprechweise haben und ohne direktes, erlebbares Erzählen einen funktionalen Vorgang sachlich korrekt wiedergeben. Auch bei der *deskriptiven Erzählhaltung (b)* wird distanziert zum Objekt beschrieben. Diese Art zu sprechen, ist in technischen Berufsfeldern verbreitet und auch gewünscht.

Narrativ erlebbar machen

Die Erzählhaltung verändert sich automatisch, wenn wir Inhalte nicht nur deskriptiv und formal verständlich darstellen, sondern narrativ erlebbar über die Benutzung einer Waschmaschine berichten. Trauen Sie sich auch im sachlich-faktischen Berufskontext zu, narrativ und mit direkter Rede zu erklären, sprechen Sie nicht nur über den Sachverhalt der Benutzung, sondern machen Sie Vorgänge erlebbar und plastisch erfahrbar. Sie erwecken das, worüber Sie reden, zum Leben und begeistern auch bei der Erklärung langweiliger Gebrauchsanweisungen. Plötzlich sind Sie in der Lage, mit persönlicher Note sachliche Abläufe anschaulich zu beschreiben.

Es ist ein Versuch wert, eine vielschichtige Ansprache der Zuhörenden auszuprobieren. So kann es bei sachkenntlichen Erläuterungen und komplexen Inhalten durch Beschreiben und Erzählen gelingen, Sachinformationen nicht nur abzuliefern, sondern erlebbar zu machen und lebensecht zu präsentieren. Ein guter Nebeneffekt dieses Bewusstseins für die Vielfalt an Erzählperspektiven beim Sprechen ist es, dass die Auswahl an Folien und auch die Gestaltung von Hilfsmitteln sich so schon bei der Vorbereitung deutlich reduziert. Wer verkürzt und konkreter auswählt, was unbedingt eine Folie oder Ähnliches benötigt, wirkt strukturiert und kann sich sicher im Material bewegen. Alles, was unnötig verwirrt, kann weg oder bereiten Sie zum Nachlesen auf.

Mit Verständigungsproblemen hat eine Kundin bei ihrer Arbeit zu kämpfen. Es lag nicht an ihrer fachlichen Kompetenz, dass so viel schieflief, sondern an der Art ihrer Kommunikation mit den Kollegen. Sonja arbeitet als Architektin, und sie muss auf einem Meeting mit Bauleitung allen Gewerken erklären, wie es trotz gravierender Fehlplanungen auf der Baustelle weitergehen kann; wie die baulichen Mängel behoben werden und gleichzeitig der Baufortschritt nicht gefährdet wird. Dazu hat sie einen komplexen Vortrag vorbereitet und kommt damit zu mir. Rhetorisch fühlt sie sich sehr schlecht aufgestellt. Sie kann zeichnen, schreiben und konstruieren, aber einfach reden in Baurunden ist für sie ein Graus. Ihr fehlt ein authentisches Standing und eine vermittelnde Art zu den anderen. Das hat sich im Laufe der Jahre entwickelt. Sie spricht häufig in Männerrunden und fühlt sich dort unwohl, und als kleine zierliche Frau wird sie nicht als selbstbewusste Sprecherin akzeptiert. Sie befürchtet Besserwissereien, ungeduldige Blicke und Altherrensprüche. Das macht sie wirr, und ihr unterlaufen deutlich mehr Fehler bei Projekten als früher. Sie findet sich in den Unterlagen nicht zurecht und steht sichtbar unter Druck beim Reden. Sie wünscht sich von mir ein paar Easy Tricks zu ihrer Rhetorik.

In der bevorstehenden, großen Besprechung sollen alle unmissverständlich darüber informiert werden, was wann, wie und in welchen Zeitfenstern umzusetzen ist, damit trotz der bereits geschehenen Fehler alles noch ohne größere finanzielle Kosten und vor allem im Terminplan umgesetzt werden kann. Sonja sitzt nun mit mir an der Ausarbeitung, die für alle Beteiligten die Abläufe klarmachen soll. Sie zeigt mir die branchenüblichen Planungstabellen usw. für derartige Präsentationen. Sonja hat sich in den Kopf gesetzt, sprachlich sicher zu formulieren und souverän über den möglichen Baufortschritt zu sprechen und aus der Vogelperspektive und unmissverständlich nur das zu veranschaulichen, was nicht zu sehr ins Detail führt und verwirren könnte. Sie will klare Handlungspläne kommunizieren, und zwar so, dass alle verstehen, was und in welcher Reihenfolge zu tun ist und die am Bau beteiligten Firmen nicht nur im eigenen Informationsvakuum arbeiten.

Wir sammeln zahlreiche Ideen. Am Ende reden wir stundenlang über die so einfach und verständlich gemachten Erklärfilme der »Sendung mit der Maus«. Dieses Kinderformat des deutschen Fernsehens schafft es, in prägnanter, einfacher Weise komplexe Sachverhalte aus unserer Lebenswelt zu erklären. Sonja googelt ganz versessen nach einer bestimmten Folge, die sie damals als Kind gesehen hat. Wir finden viele Anregungen, wie dramaturgisch spannend und mit begeisterndem Stil Inhalte fassbarer werden.

Am Ende des Trainings entsteht die Comicfigur Eddy – angelehnt an Bob, den Baumeister. Sonja startet auf der nächsten Baubesprechung ein engagiertes Experiment. Sie führt in der Sitzung alle Gewerke mit der fiktiven Figur Eddy über die Baupläne und durch die anstehenden Mängelbeseitigungen. Mit diesem roten Faden (Eddy) hat sie eine Erzählstimme an der Hand, mit der sie verständlich und anschaulich durch die PowerPoint-Präsentation leitet. Sonja kann mithilfe der fiktiven Figur viel freier und lockerer formulieren, und es fühlt sich für sie nicht aufgesetzt an. So kreiert sie einen Redestil, der besonders ist. Außerdem behält sie während des Vortrags den Überblick.

Sonja schreibt nach dem Termin, dass alle Teilnehmenden ohne weitere Fragen und sichtlich begeistert von diesem kreativen Vortrag mit Eddy waren. Die Präsentation hat einen anschaulichen Überblick für alle geliefert. Ein Erfolg für Sonjas Mühe und ein Beleg dafür, dass eine einfache Darlegung aller Sachinformationen mit kreativem, persönlichem Redestil überzeugend und verständlich in Erinnerung bleibt. Es gab übrigens keine weiteren kommunikativen Missverständnisse beim weiteren Bauablauf und keine weiteren Fehlplanungen auf der Baustelle. Sonja arbeitet bei Präsentationen jetzt immer mit dramaturgisch eingänglichen

Darstellungsmitteln, um ihre Sachinformationen einfach zu vermitteln und hat gelegentlich sogar Spaß beim Reden. Sachliche Kompetenz, gekoppelt mit ansprechenden Erzählstelle, so werden komplizierte Inhalte vielschichtig verständlich und Sie erleichtern sich das Reden. Sie müssen nicht befürchten, zu trocken und beschreibend zu sein oder zu blümerant zu werden. Wer darauf achtet, bei der Präsentation beide Sprechstile (sachlich faktisch + narrativ, emphatisch) miteinander zu mischen, wirkt selbstbewusst in der Vermittlung von Inhalten. Das Gesagte ist verständlich für jeden und wir nutzen die Klaviatur der Ausdrucksmöglichkeiten. Zeigen Sie gelegentlich Ihren persönlichen Bezug zu dem, was Sie sagen. So entstehen lebensechte, authentische Momente in einem Redebeitrag. Die Magie der Mischung macht's!

Easy Tricks für einen Redestil mit persönlicher Note bei komplexen Sachinhalten

- Persönlichkeitscheck für eine authentische Haltung zum Inhalt (s. S. 145)
  - → Grundhaltung zum Leben, zu Tätigkeiten klären, um authentisch mitzuteilen und nicht nur vorzutragen
  - → Ab und zu das persönliche Profil offenbaren (Erfahrungen zum Thema, Überleitungssätze, die die Struktur für Zuhörende erklären)
  - → Die Selbstinszenierung mitdenken und die eigenen sprecherischen Qualitäten kennen
- t-t-t-Formel (für einen souveränen Umgang mit veranschaulichendem Material bei Vorträgen) (s. S. 147)
  - → t-ouch (Berühren bzw. Hinwenden zum Material findet ohne Sprechen statt)
  - → t-urn (Umdrehen zum Publikum und erneute Kontaktaufnahme
  - → t-alk (Weitersprechen, wenn wir dem Publikum zugewandt sind)
- Wechselspiel der Sprechweisen nutzen (s. S. 149)
  - → Statisch/formell (distanziert informieren)
  - → Deskriptiv (beschreibend informieren)
  - → Narrativ mit direkter Rede (erzählerisch beschreiben und informieren)

- So gelingt es
  - → einfach zu erklären und gleichzeitig fachkompetent zu wirken
  - → eine dramaturgische Spannung zu kreieren

→ bei sachlich anspruchsvolle Redebeiträgen durch narrative Passagen zusätzlich zu stimulieren.
→ kleine Inseln der Aufmerksamkeit zu schaffen und Fachsprache mit einfacher Erzählweise, anschaulichen Passagen und rhetorischen Mitteln zu mischen
→ als authentische Rednerin in Erinnerung zu bleiben

Meine Art, einfach zu reden und Inhalte authentisch wirken zu lassen:

....

....

....

....

....

....

....

....

....

....

....

....

....

Easy Trick 9

Damit habe ich nicht gerechnet – offen für Überraschungen sein

Ein brauner Kaffeefleck auf dem weißen Hemd, eine einfache Frage aus dem Publikum, die Sie nicht beantworten können, ein Stapel Manuskriptkarten, der plötzlich zu Boden fällt. Pleiten, Pech und Pannen bieten eine hervorragende Steilvorlage, um öffentlich für ungeschickt und unfähig gehalten zu werden. Menschen mit gesunder Selbsteinschätzung bewerkstelligen überraschende Szenarien leichter, denn sie lassen sich von solchen Kleinigkeiten nicht generell in Frage stellen. Auch ein Frosch im Hals, der genau dann quarkt, wenn Sie die bis ins kleinste Detail vorbereitete Teamsitzung eröffnen möchten, kann zum traumatischen Erlebnis werden.

Das Ignorieren derartiger Unzulänglichkeiten fällt schwer. Schnell ist der Impuls da, sich generell für unfähig zu erklären und dem nicht bestandenen Erwartungsdruck mit entschuldigender Geste und Bestätigung für die unpassende Peinlichkeit zu begegnen. Wenn Dinge passieren, die Sie nicht eingeplant haben und auf die Sie spontan reagieren müssen, hilft als Allererstes die *A–U–S-Formel*. Sie reguliert die Körperspannung und ermöglicht es Ihnen, im kleinen Maß weiterhin locker zu wirken und keine grundsätzlichen Selbstzweifel zu zeigen.

- A–tem raus
- U–nterkiefer runter
- S–chultern runter

Sie atmen in diesen Momenten erst mal lange aus. Als Nächstes entspannen Sie den Unterkiefer. Um besser zu spüren, wann der Unterkiefer wirklich muskulär entspannt ist, üben Sie vorher: Schütteln Sie mit Daumen und Zeigefinger am Kinn und lockern so die Kiefermuskulatur. Sie erhalten ein Gefühl für die Beweglichkeit des unteren Kieferknochens. Schieben Sie den Unterkiefer mal vor und zurück, und dann probieren Sie aus, wann der Unterkiefer ohne Spannung oder Druck einfach runterhängt. Jetzt sind noch die Schultern dran. Konzentrieren Sie sich darauf, ganz locker in der Schultermuskulatur zu werden und senken Sie beide Schultern Richtung Boden. Durch die Formel leiten Sie alle Spannung nach unten ab und arbeiten gegen plötzliche »Schockstarren«.

Normalerweise sorgen unangenehme Überraschungen – besonders, wenn Sie alles gern unter Kontrolle haben – dafür, dass wir unbewusst sofort körperlich anspannen, statt an Entspannung zu denken. Wir kriegen einen Schreck und fokussieren uns von einer auf die andere Sekunde auf das unerwartet Schreckliche. Wir haben uns in Kapitel 4 bereits mit Schwarzmalereien beschäftigt. Und damit, wie schnell es geht, plötzlich alles zum Scheitern zu verurteilen und sich aus der Ruhe bringen zu lassen. Doch die Welt wird sich weiterdrehen, trotz der Überrumpelung. Haben Sie doch einfach mal Lust darauf, nicht so perfekt sein zu müssen und alles so unerreichbar hochzuhängen. Sie sind zwar mit dabei, wenn Sie sich gerade katastrophal blamieren, aber durch eine angespannte, selbstkritische Reaktion machen Sie nichts besser und bestätigen sogar, was für ein unfähiger Redner beziehungsweise Rednerin Sie sind. Lassen Sie das bitte ab sofort sein!

Versuchen Sie stattdessen, mit einer gesunden Selbsteinschätzung und ein paar Easy Tricks spontan zu bleiben. Sich darüber zu ärgern, was Sie alles nicht eingeplant haben, bringt jetzt nichts mehr. Es ist passiert. Lassen Sie es zu.

Mehr Gelassenheit und innere Anker zulegen

»Die Gelassenheit ist eine anmutige Form des Selbstbewusstseins«, formulierte die Schriftstellerin Marie von Ebner-Eschenbach. Ich finde dieses Zitat sehr hilfreich. Mit der A-U-S-Formel lassen Sie los und konditionieren sich selbst in die Richtung, alles, was gerade geschieht, nicht verändern zu wollen. Sie halten es aus und akzeptieren die unerwartete Veränderung. Die Überraschungen, die uns spontan beim Sprechen überrollen, können:

- mit einer veränderten Situation vor Ort begründet sein (oft überraschen bei Vorträgen technische Probleme)
- sich auf plötzliche Mankos an uns oder in unserer Körpersprache beziehen
- mit dem Inhalt zu tun haben, den wir so spontan trotz guter Vorbereitung nicht beherrschen

Wie gehen wir mit diesen unerwarteten Verunsicherungen um, die sich gern auch alle drei zu einer riesengroßen Megaüberraschung summieren?

Stellen Sie sich vor, Sie sprechen zum ersten Mal als Moderator auf einem Podium zum Publikum, und plötzlich geht Ihnen die Luft aus und die Stimme versagt. Es ist zu spät, um eine Stimm- oder Atemübungen zu machen. Sie brauchen einen einfachen Körperanker, damit Sie trotzdem weitersprechen können. Verschwenden Sie keine Zeit damit, lange mit der überraschend eingetretenen stimmlichen Unzulänglichkeit zu hadern. Sie wissen, wie Ihre Wohlfühlstimme normalerweise klingt und dass die veränderte Situation sie ungeplant mit Stresshormonen überrollt hat.

Also easy: A-U-S-Formel befolgen und dann mit freundlicher, entspannter Mimik/Gesichtsmuskulatur nach einem Glas Wasser fragen. Signalisieren Sie eine gesunde Selbsteinschätzung und Gelassenheit. Versuchen Sie nicht krampfhaft weiterzusprechen. Solche Aussetzer sind menschlich und kein Beinbruch.

Versuchen Sie so oft wie möglich Ihren Körper zu spüren, wenn etwas passiert, womit Sie nicht gerechnet haben. Wie stehe oder sitze ich in diesem Moment? Kann ich in meinem Körper ein Raumgefühl erlangen? Spüre ich Verspannungen? Bewusst bei sich sein und neutral blicken, sind wichtige Präsenzsignale, die Sie schützen. Mit Körperankern zu arbeiten und automatisch einen guten Kontakt zum eigenen Befinden zu entwickeln, ist Trainingssache und hat mit Selbstwahrnehmung zu tun. Dafür müssen Sie nicht einmal ein Spontantyp werden, der schon immer gut mit unerwarteten Zwischenfällen in Redesituationen klargekommen ist.

Einen schnellen und intensiven, inneren Anker zum eigenen Körper provoziert die *A-B-C-Formel*:
- A-tembrummen (Selbstberuhigung)
- B-eckenboden anspannen (Spannungsregulation)
- C-harmeoffensive (eine gesunde Selbsteinschätzung demonstrieren)

Mit dieser Formel verankern Sie sich bewusst in Ihrem Körper, ohne an den falschen Stellen zu verspannen. Sie leiten den durch eine ungewohnte Situation entstandenen Druck nach unten ab. Ein kaum hörbares Atembrummen füllt den Körper mit Raum, und durch eine bewusste Anspannung im unteren Atemraum entspannt die Muskulatur im Oberkörperbereich und im Idealfall auch die Gesichtsmuskulatur. Sie trainieren ein entspanntes »Pokerface«. Sobald Sie die innere Selbstregulation spüren und bewusst erzeugen können, finden Sie in eine angenehme Körperpräsenz. Wenn Sie A und B geschafft haben, zeigen Sie etwas von sich, was Ihren persönlichen Stil charmant unterstreicht. Das kann ein breites Grinsen, eine Geste des »Mache ich so immer, kein Problem für mich« sein. Sie sind charmant in der Lage, alle Mankos dieser Welt zu managen. Sie sind ein Mensch mit Erfahrung und Ruhe, der sich so leicht nicht aus dem Konzept bringen lässt, wovon auch immer. Mit der A-B-C-Formel fördern Sie körperliche Klarheit und brauchen sich nicht verbiegen. Sie hilft Ihnen dabei, weiterhin natürlich zu sein und mit gesunder Selbsteinschätzung zu agieren. Es hat einen immensen Einfluss auf unser Sprechen und unsere Körpersignale, wenn wir es schnell schaffen, uns einigermaßen wohl in unserer Haut zu fühlen. Dabei unterstützt uns die A-B-C-Formel.

Ein guter Nebeneffekt ist es, dass Sie plötzlich leichter auf Überraschungen reagieren können. Einer Seminarteilnehmerin hat diese Formel geholfen, als ihr bei einer Redeübung plötzlich die Stichwortkarte zu Boden fiel. Normalerweise hätte Sie sich hektisch gebückt und sich für ihr Missgeschick entschuldigt. In diesem Fall hat sie ganz entspannt gebrummt, angespannt und dann charmant ihr Bücken nach der Karte mit dem Satz »Ich arbeite immer mit vollem Körpereinsatz« eingeleitet und sich erst dann ans Aufheben gemacht. Sie hätte auch sagen können: »Die Schwerkraft ist heute mal wieder ganz schön stark.« Solche Sätze ergeben sich, wenn der Körperanker gesetzt ist und Sie sich gut fühlen, weil Sie sich in jeder Situation akzeptieren, so wie Sie sind.

Die Formel hilft Ihnen, in eine »Wohlfühlspannung« zurückzufinden. Diese Spannung wird als *Eutonus* bezeichnet und ist ein integraler Spannungsausgleich zwischen Halten und Bewegen. Ziel ist es, durch Muskelarbeit und natürliche Bewegungsabläufe zu einem dynamischen Gleichgewicht der körpereigenen Kräfte zu gelangen. »Haltung, Bewegung und Mittelkörperspannung sind immer auch Ausdruck der seelischen Befindlichkeit des Menschen. An ihnen wird das Verhältnis des Menschen zu sich selbst, sein Verhalten gegenüber der Welt, die ihn umgibt, deutlich«, beschreibt es die Atem-Sprech- und Stimmlehrerin Margarete Saatweber.

U-F-O-L-Formel statt Merkel-Raute

Wie häufig ist die Angela-Merkel-Raute der ehemaligen deutschen Bundeskanzlerin belächelt und von den Medien zerrissen worden. Vor dem Hintergrund der Wohlfühlspannung finde ich das eine gute Idee von Frau Merkel, sich auf diese Art und Weise einen regulierenden Körperanker zuzulegen. Zum Glück stand die Kanzlerin a. D. immer über den Kommentaren zu diesem einzigartigen Redestil. So konnte die Raute am Ende zu einem echten Markenzeichen werden und hat Angela Merkel sicher in vielen Situationen, mit denen sie so nicht gerechnet hat, geholfen, stark und gewissenhaft zu bleiben.

Eine Alternative zur Merkel-Raute ist die *U-F-O-L-Formel*, die ohne Einsatz von Gestik funktioniert.

- U-F unten fest
- O-L oben locker

Bei unerwartet aufkommendem Stress denken Sie an Ihren Bauchnabel und spannen alles, was unterhalb vom Bauchnabel liegt, fest an. So können Sie im oberen Bereich des Körpers weiterhin locker bleiben. Sie leiten den Stress durch diese Muskelanspannung (Kernbereich der Anspannung ist der Beckenboden) nach unten ab. Da es für unseren Körper schwer ist, oben und unten anzuspannen, bleiben Sie oben locker und beweglich. Das ist eine gute Muskelrelaxation für den Oberkörper bei Stress, denn der erste Impuls ist es meist, im oberen Bereich des Körpers anzuspannen (Gesicht, Schulter etc.). So leiten wir die Anspannung nach unten ab und können zumindest einigermaßen locker wirken, auch ohne eine Raute zu machen.

Missgeschick-Situationen und Fehltritte

Selbstgewissheit ist ein Sicherheitspfosten, der uns stärkt, wenn alles anders als erwartet abläuft. Auch wenn Sie mal danebenliegen, keine Antwort parat haben, Fehler machen, manche Leute lieben Momente, in denen Menschen nicht perfekt vortragen. Bei Versprechern schimmert ein Funke Persönlichkeit hervor. Wir selbst empfinden solche Momente oft schlimmer als die anderen. »Auch diverse Selbsteinschätzungen gehören oft in den Bereich des absoluten Geheimwissens«, schreibt der Diplom-Bibliothekar und Autor Martin Gerhard Reisenberg. Versöhnen wir uns also mit uns selbst und halten wir fest, dass alles gar nicht so schlimm ist, wie wir annehmen.

Es gibt tollpatschige Menschen, die fallen auf Podien von Stühlen, meist dann, wenn sie alles genau richtig machen möchten. Das ist für die Zuhörerschaft ein lustiges Bild, eventuell auch ein unerwarteter Schreck. Für den nervösen Tollpatsch sind solche öffentlichen Fehltritte eine Selbstoffenbarung: »Jetzt haben mich alle dabei ertappt, wie ungeschickt ich schon wieder bin.« Stellen Sie sich in solchen Missgeschick-Situationen lieber die Gegenseite vor. Da warten ganz viel Menschen auf Sie als Redner und plötzlich stürzt die Person, für die vielleicht sogar an der Kasse Eintritt bezahlt wurde. Diese Menschen würden Sie doch niemals in Frage stellen, sondern eher denken, hoffentlich hat er oder sie sich nicht wehgetan.

Welche Gefühle auch immer bei den anderen hochkommen, sprechen Sie in »ausgerutschten Situationen«, die Sie nicht ändern können, über etwas, das die anderen betrifft. Stellen Sie sofort auf Menscheln um. Jeder könnte so am Boden liegen wie Sie: bei diesen Stühlen oder dieser frischgebohnerten Bühne. So entsteht eine souveräne Distanz zum Missgeschick und eine vertraute Ebene mit den Zuhörern. Es gibt viele Formulierungen, die bei spontanen Überraschungen helfen, wieder auf die Füße zu kommen und erneut auf Augenhöhe zu gelangen.

Strategisch mit der *U-S-W-Formel* in unerwarteten Stressmomenten zu agieren, ist eine gute Idee. So finden Sie schnell die passenden Worte und gehen vielleicht sogar humorvoll distanziert mit der neuen Situation um:

- **U**-mreißen, wie Sie den Gesamtzusammenhang gerade erleben
- **S**-agen, was Sie von den anderen benötigen
- **W**-iederholen, was Sie bereits gesagt haben (sinngemäß)

Mit dieser Formel nehmen Sie aus einer Beobachterperspektive alle neben sich mit auf die Bühne. Das könnte sich dann so anhören:

- U: »Aus dieser Perspektive sieht der Saal auch schön aus.« Oder: »Der Boden hier oben auf der Bühne ist offensichtlich besser gebohnert als der im Saal.«
- S: »Ich brauche jetzt einen bequemen Stuhl. Hier unten ist es mir zu hart.«
- W: »Ich fühle mich hier so gut umsorgt, da freue ich mich schon auf ein bequemeres Gespräch auf Augenhöhe.«

Die Formel lenkt Sie davon ab, tiefgründig über das, was sie nicht ändern können, nachzudenken beziehungsweise zu sprechen. Sie bewerten souverän die unerwarteten Umstände und spielen verbal mit den neuen Gegebenheiten vor Ort. Sie akzeptieren die Situation und müssen sich nicht anstrengen, dagegen zu arbeiten und sich für Ihre Tollpatschigkeit zu rechtfertigen. Weiß doch keiner, was Sie für »Geheimwissen« über sich mitbringen! Sie vermitteln auch auf dem Boden liegend eine selbstbewusste persönliche Art. Dass Sie sich vielleicht wehgetan haben, ist in solchen Momenten unwichtig. Versuchen Sie lieber die anderen mit der Fähigkeit zu überraschen, den distanzierten Überblick zu behalten und sich nicht in aller Öffentlichkeit zu ärgern.

Sollte demnächst etwas nicht so ganz nach Plan laufen, bleiben Sie cool und versuchen Sie mit ein wenig Distanz und

Zuversicht, diesen kleinen Fauxpas zu akzeptieren, denn da stehen Sie locker drüber. Viele Menschen wissen gar nicht, wie spontan sie sind, weil sie Angst vor dem Ungewissen und einem Kontrollverlust haben.

Easy Tricks für unkontrollierte Überraschungen beim Sprechen

- A-U-S-Formel (für spontanes körperliches Loslassen, wenn alles schiefläuft) (s. S. 158/159)
  - → A-tem raus
  - → U-nterkiefer runter
  - → S-chultern runter
- A-B-C-Formel (für einen bewussten Körperanker, für körperliche Klarheit und Präsenz, für das Zurück in die eigene Wohlfühlspannung) (s. S. 161)
  - → A-tembrummen (Selbstberuhigung)
  - → B-eckenbodenanspannung (Spannungsregulation)
  - → C-harmeoffensive (gesunde Selbsteinschätzung demonstrieren)
- U-F-O-L-Formel (Regulierung der körpereigenen Spannung, die Stimme und Körperhaltung guttut) (s. S. 163)
  - → U-F (unten fest; Muskulatur unterhalb des Bauchnabels angespannt)
  - → O-L (oben locker; Muskulatur oberhalb des Baunabels entspannt)
- U-S-W-Formel (um einen distanzierten Überblick zu behalten, zum Schutz vor Selbstmontage bei Fehltritten und Missgeschicken, fördert spontane, selbstironische Sichtweise) (s. S. 165)
  - → U-mreißen, wie Sie den Gesamtzusammenhang gerade erleben
  - → S-agen, was Sie von den anderen benötigen
  - → W-iederholen, was Sie bereits gesagt haben (sinngemäß)

Meine spontane Ader in meinem Redestil ist:

....

....

....

....

....

....

....

....

....

....

....

....

....

Easy Trick 10

Klarheit ist Wahrheit – Selbstreflexion über das erreichte Ziel nicht vergessen

»Es gibt nur ein Mittel, sich wohlzufühlen: Man muss lernen, mit dem Gegebenen zufrieden zu sein und nicht immer das verlangen, was gerade fehlt«, brachte es der Autor Theodor Fontane auf den Punkt. Es ist zu guter Letzt wichtig, selbst zu reflektieren, welche Stärken und Schwächen unsere Redekompetenz begleiten. Wie fühle ich mich wohl? Was fehlt sowieso immer? Mit welchen Gegebenheiten kann ich weiterarbeiten? Wo kann ich mein persönliches sprachliches Profil noch schärfen oder bewusst unscharf lassen?

Ich hoffe, dass deutlich geworden ist, wie viele Ebenen der Rhetorik beim Sprechen gleichzeitig zu beachten sind. Es gibt keine allgemeingültige Trickkiste für alle. Die Erfahrungen meiner Seminarteilnehmer und Kundinnen haben Sie hoffentlich angeregt, um über Ihren eigenen Redestil nachzudenken. Ich freue mich, wenn Sie sich in einigen Beispielen wiederfinden konnten und motiviert einige der vorgeschlagenen Easy Tricks bereits ausprobiert haben. Am Ende jeden Kapitels gab es Platz für Ihre eigenen rhetorischen Tipps. Blättern Sie jetzt gern noch mal zurück und verschaffen sich Klarheit darüber, wo Sie ansetzen möchten.

Beim Schreiben dieses Ratgebers kam es mir manchmal so vor, als würde ich gleich mehrere Bücher parallel schreiben. Ein Buch über rhetorische Optik, eins über Stimme bzw. Akustik beim Sprechen, eins über die Grammatik der gesprochenen Sprache, eins über das Erinnern beim Sprechen und viele mehr. Für jede einzelne rhetorische Facette besitzen Sie nun bewährte Easy Tricks, die schon vielen Menschen in meinen Seminaren geholfen haben. Sie haben durch kleine Änderungen des Verhaltens große sprecherische Erfolge verbuchen können. Das fängt schon mit der Erkenntnis an, wie wichtig Pausen beim Sprechen sind, um natürlich und körperbewusst zu reden. Selbst zu spüren und auszuprobieren, was ein gutes Timing für Auswirkungen auf den Redestil hat, und wie wertvoll Zeit und Rhythmus für das einfache bewusste Reden sind, um klarer denken zu können und Stress zu minimieren, ist ein wertvoller erster Schritt.

Wir wissen, wie komplex unser Gehirn arbeitet. Und wie gern es uns beim Reden auch mal im Stich lässt und keine weiteren Informationen beziehungsweise Worte liefert, die wir kurz zuvor noch parat hatten. Ein souveränes rhetorisches Auftreten erfordert Training, um jederzeit denken und gleichzeitiges Sprechen zu koordinieren und authentisch mit Körpersignalen zu agieren. Mark Twain beschreibt die Herausforderungen der Rhetorik so:»Rhetorik ist deshalb ein Problem, weil es schwierig ist, gleichzeitig zu reden und zu denken.« Mit dieser grundsätzlichen Wahrheit im Hinterkopf fällt es leichter zu akzeptieren und auszuprobieren, welcher Redestil Ihnen liegt, um klar und einfach Ihre Botschaften zu senden und unverstellt und authentisch leicht rhetorisch zu agieren und natürlich einzigartig zu sprechen.

In meinem Buch »Dirty Tricks« greife ich diese Feststellung von Twain bezogen auf Täuschungsmanöver und verbale Attacken auf. Für einen einfachen Redestil bedeutet diese nüchterne Aussage, dass Rhetorik einfach ist, wenn ich nicht gleichzeitig denke und rede. Damit das Sprechen und Denken besser funktioniert, bieten die Easy-Trick-Formeln Hilfestellungen an. In den Boxen am Ende von jedem Kapitel sind ein paar der Easy Tipps auf einen Blick zusammengefasst. Sie haben sicher während des Lesens bereits zusammengetragen, welche Tricks für Ihre Art zu Sprechen eine Verbesserung liefern. Manche Tipps können Sie sofort anwenden, andere erfordern Üben, Üben, Üben. Schreiben Sie in diesem reflektierenden Kapitel Ihre »Personal Points« noch einmal umfassend auf.

Was für Gedanken hatten Sie beim Lesen bezüglich Ihrer rhetorischen Besonderheiten? Wie gut schätzen Sie sich selbst beim Reden ein?

1. Stimmt Ihre Einschätzung mit dem, wie andere Sie wahrnehmen, überein?
2. Was können Sie beim Sprechen vereinfachen?
3. Wie wirken Sie natürlich?
4. Wie wollen Sie wahrgenommen werden?
5. Hilft Ihnen dabei ein bewusstes Wiederholen von bereits Gesagtem, eine abwechslungsreichere Wortwahl, mehr Pausen, Mindmaps zur schnellen Veranschaulichung, Trinken, mehr Lächeln, Schritte im Raum, Einstiegstypen oder ...

Egal was Sie für sich entdeckt haben, achten Sie immer darauf: Beim souveränen Sprechen wirkt es gut, wenn Sie eine Sache machen und diese voll und ganz. Bleiben Sie immer in dem Moment der Sprechhandlung und denken Sie nicht schon um drei Ecken weiter. Achten Sie unbedingt darauf, dass Sie Körpersignale viel eindringlicher und authentischer senden können, wenn Sie diese sprachbegleitend ausführen und nicht einfach, weil Sie diese Geste so einstudiert haben. Engagement beim Sprechen ist nicht planbar. Sobald wir bewusst einen Zustand herstellen können, in dem sich unser Körper wohlfühlt, agieren wir automatisch eher mit unserem natürlichen Redestil, und das Sprechen gelingt einfacher und es fühlt sich sicherer an.

Den eigenen Körper beim Sprechen im Videocoaching zu sehen, hat einer Kundin zu ihrer Erleichterung sehr geholfen. Sie war sich überhaupt nicht klar darüber, wie authentisch sie wirkt und was für einen guten Redestil sie hat. »Alles ist gut bei mir, wie es ist, und ich finde, ich wirke richtig toll!«, staunte sie und ging entspannt nach Hause. Woran sie einzig und allein nach dem Coaching arbeiten will, ist, weniger perfektionistisch und selbstkritisch zu sein. Das erzeugt einen inneren Druck bei ihr, den zum Glück niemand sieht, der aber unnötig die innere Gelassenheit stört. Sie war vor der Videoauswertung so unglücklich darüber, wie viel sie während des Redens mit ihren Händen agiert. Jemand riet ihr, die Hände bloß nicht zu viel zu bewegen, das wirke nicht souverän und unprofessionell. Nach dem Sichten des Videos bemerkt sie erst ihre bisher nicht erkannte Fähigkeit der sprachbegleitenden Gestik. Alles wirkt authentisch und echt. Wie kann das sein? Sie sieht ihre große Stärke gar nicht und noch viel schlimmer, sie findet sie nicht mal gut! Es gibt bei einem persönlichen Redestil keine Norm, nach der ein Sprecher zu funktionieren hat. Die authentische Ausstrahlung hat sehr viel mit der eigenen Wertschätzung und dem bewussten Erkennen des USP (Unique Selling Proposition) zu tun. Erst wenn Sie Ihre Stärken und Schwächen kennen und akzeptieren, ist der Grundstock gelegt. Was die anderen über uns denken, kommt an zweiter Stelle. Wer nur den anderen gefallen möchte, verliert schnell das Gefühl für die eigene persönliche Befindlichkeit.

»Sorge dich um die Anerkennung anderer, und du wirst immer ihr Gefangener sein.« (Laotse)

Dieser Ausspruch offenbart das Schicksal von Menschen, die sich zu sehr vom Feedback anderer abhängig machen.

Dabei ist die eigene Einschätzung und Wertschätzung viel ertragreicher, um daraus Erkenntnisse über unsere Sprechgewohnheiten zu gewinnen. Selbstvertrauen stärkt das Selbstbewusstsein und lässt uns freier agieren.

Greifbar und präsent habe ich Menschen in Gesprächen erlebt, wenn diese klar und konzentriert aus sich heraus gesprochen haben, ohne das Umfeld beeindrucken zu wollen. Beispielsweise bei Dreharbeiten für Dokumentarfilme war es ein gesetztes Ziel, die gefilmten Menschen möglichst einzigartig und authentisch zu zeigen, sodass diese zwar in einem dokumentarischen Film zu sehen sind, aber wir ihre Ausstrahlung genauso wiederentdecken, als wenn wir sie persönlich auf der Straße treffen würden. Menschen so natürlich wie möglich in einem Gespräch zu filmen, gelingt am besten, wenn sich ein Regisseur dem Rhythmus der Person anpasst. Beobachtend wahrzunehmen, mit welcher Zeit eine Bewegung, ein Satz oder eine Aktion stattfindet – ohne eingrenzende Steuerung von außen. Wer den eigenen Rhythmus erkennt, bewegt sich authentisch echt und ruht in seiner Persönlichkeit. Es gab bei Dreharbeiten häufig die authentischsten Sätze – die dann auch immer im Filmschnitt ausgewählt wurden –, wenn die Interviewpartner für einen Moment gar nichts mehr gesagt haben, ganz bei sich waren und dann nach einer Pause einen Gedanken formulierten, der alles verdichtete und natürlich rüberkam. Die Schnelllebigkeit in vielen Gesprächen macht auch das Reden zu einer austauschbaren Inhaltsflut, doch diese echten Momente benötigen Zeit. Viele Kameras sind schon ausgeschaltet, bevor sich echte Kerngedanken einer Person zeigen. Wer sich keine Zeit beim Sprechen lässt beziehungsweise lassen darf, wird schnell ungenau und redet unbewusst dahin. Weniger ist mehr, und die Pause ist wie ein guter Wein, sie muss sich entfalten und wird der eigenen Persönlichkeit mehr weise Souveränität verleihen.

Verschaffen Sie sich nun Klarheit darüber, welche Situationen und Personen es Ihnen erschweren, einfach zu sprechen. Dazu beantworten Sie sich bitte folgende zwei Fragen:

• Wann, wo und mit wem fällt es mir leicht zu reden?
• Wann, wo und mit wem fällt es mit schwer zu reden?

»Ich bin gut im Fußball, aber kein Mann für den Elfmeter, und Reden fühlt sich immer wie eine Elfmeter-Situation an.« Dieser Satz stammt von einem Kursteilnehmer, der als Trainer selbstbewusst und problemlos Ansagen auf dem Fußballplatz schiebt. Sobald er in Interviews zum Spiel sprechen soll, fühlt er sich wie beim Elfmeter, legt rhetorisch einen 180-Grad-Schwenk hin und hat große Probleme. Nur weil die Rahmenbedingungen sich geändert haben, fällt ihm das Sprechen schwer. Er ist ein Teamplayer mit Mannschaft, und alles andere ist ihm fremd. Mit dem Gefühl der Schutzlosigkeit und dem Gedanken im Kopf, alle gucken zu, passiert nur eines: Er schließt sich und ist unfähig zu sprechen.

Wenn Sie wissen, wann, wo und mit wem es gut läuft mit dem Sprechen, wissen Sie schon viel über sich und können versuchen, all das, was Sie in solchen Situationen können, auf die Situationen zu übertragen, die Ihnen gar nicht liegen. Es ist eine Ansichts- und Haltungssache. Das Elfmeter-Szenario mit der inneren Freude beim Ballkicken auf dem Fußballspiel zu verkoppeln, erleichtert den Schuss. So passiert im Idealfall Folgendes:

• Sie ersetzen Ihre selbst gemachte, schwierige Erwartungshaltung:
»Alle erwarten, dass ich das Tor treffe bzw. ich muss jetzt im Interview ganz tolle Sachen erzählen und liefern.«
• durch eine lässige, offene Ansprechhaltung:
»Hier bin ich lieber Fußballkollege, du kannst mich anspielen oder: Schön, dass sich der Interviewer für unser Spiel interessiert, da gebe ich mal ein paar Einblicke, wenn ich angesprochen werde.«

Auf die Botschaft kommt es an

Was andere von uns denken, ist wichtig für uns, doch sollte das nicht unsere Selbsteinschätzung vorwegnehmen. Wir können viele Dinge steuern und bewusst gestalten, wenn wir ohne die Hilfe anderer folgende Fragen nur für uns selbst beantworten:

1. Wie will ich wahrgenommen werden?
2. Was tut mir gut?
3. Wie geht es mir gerade?

Mit diesen Kernfragen im Gepäck achten Sie beim Sprechen zwangsläufig auf Ihre Bedürfnisse und strahlen Selbstsicherheit aus. Diese Fragen unterbinden den in unangenehmen Redesituationen einsetzenden Drang, sich vor sich selbst zu verstecken und die anderen als Richtmaß für alles zu nehmen. Wir achten auf uns, bleiben offen für alles, was kommt und handeln aktiv und selbstbestimmt.

Sie brauchen keine Zeit damit verschwenden, sich für sich selbst zu rechtfertigen. Sie sind sich Ihrer Botschafterinnenrolle bewusst und haben in den einzelnen Kapiteln viele Anregungen erhalten, wie Sie rhetorische Besonderheiten erkennen und schätzen lernen und mit gestärkter Wahrnehmung die eigene Rhetorik mit Easy Tricks verbessern können. Vertrauen Sie auf Ihre Botschaften und nehmen Sie beim Sprechen nicht alles zu genau. Wir müssen nicht unfehlbar sein. Eine heitere, kindliche Gelassenheit schafft Weite und Freiraum für die Botschaften.

All das Scheitern und die Misserfolge beim Sprechen sind wichtige Erkenntnisse für die Entwicklung der eigenen Rhetorik. Nicht jeder oder jede kommt als Sprachgenie auf die Welt, aber sich deshalb nicht zu trauen mitzureden, ist ein großer Fehler. Jetzt können Sie mit einfachen Tricks mutig voranschreiten und besser mit dem eigenen Scheitern umgehen, denn es geht immer etwas schief, wenn's drauf ankommt. Wenn Ihnen klar ist, wie wunderbar Sie mit Pleiten,

Pech und Pannen umgehen, können Sie Selbstzweifel hinter sich lassen. Es muss nicht alles perfekt sein, wenn Sie trotz Schwächen strahlen. Ein wunderbarer Satz von Leonard Cohen bringt es auf den Punkt: »*Durch die Risse kommt das Licht.*«

Ich wünsche Ihnen große sprecherische Erfolge mit den Easy Tricks und freue mich, wenn Sie eigene Ideen sammeln konnten und neue Easy Tricks entdeckt haben, die in diesem Buch gar nicht aufgeführt sind. Reflektieren Sie am Ende dieser Reise in die Welt der Rhetorik, wodurch sich Ihre Sprache und Ihr Redestil auszeichnet. Was sind Sie für eine Sprecherin oder Sprecher? An welche persönlichen Besonderheiten wollen Sie anknüpfen? Was soll mit Easy Tricks noch einzigartiger hervorstechen? Wie zeigen Sie sich natürlich und einzigartig in Sprechsituationen? *Schreiben Sie abschließend einen Brief an sich selbst.*

Finden Sie Ihre individuelle Lösung, an der Sie arbeiten möchten. Eine Teilnehmerin aus meinem Kurs hat herausgefunden, dass es sie stresst, dass sie beim Reden zu intensiven Blickkontakt hält – was ja im Grunde genommen gut wirkt –, aber belastend für sie ist, weil sie zu viel sieht und das Stress beim Reden auslöst. Sie kann in Gesprächen oder auch bei Vorträgen ihr Gegenüber zu genau erkennen und das bringt sie raus. Sie setzt jetzt immer eine Brille auf, die alles unscharf macht. So wird sie beim Sprechen nicht mehr durch ihr Gegenüber abgelenkt. Die Lesebrille macht die Wirklichkeit um sie herum unscharf. Ihr erleichtert diese Idee das Reden sehr. Alles was Ihnen guttut, ist erlaubt. Auch wenn dieser Trick schon recht außergewöhnlich ist und hoffentlich nicht zu Unfällen geführt hat.

Für den Brief an sich selbst habe ich ein paar anregende Fragen notiert. Schreiben Sie gern alles auf, was für Sie das Sprechen erleichtert. Denn Reden ist einfach, wir machen es uns nur schwer!

Fragen für den »Brief an mich selbst«

- Was nehme ich für Easy Tricks von hier mit?
- Welche persönlichen rhetorischen Tipps gebe ich mir?
- Worauf will ich mich konzentrieren?
- Was gefällt mir an mir? Was sind meine Stärken?
- Was mag ich an mir nicht?
- Gibt es Schwächen, die ich verbessern möchte?
- Was möchte ich ändern?
- Was soll unbedingt so bleiben?
- Wenn der Brief fertig ist, legen Sie ihn bitte wirklich in einen Umschlag und frankieren diesen und schicken ihn in drei bis vier Wochen ab.

Stärkende Kurzbefehle für einen persönlichen Redestil

Easy Tricks aus dem Rhetorikkurs für eine bewusste und einfache »Regie« beim Sprechen

An all diese kleinen Dinge und Easy Tricks für eine verbesserte Ausdrucksweise beim Sprechen zu denken, ist schwer. Auch bei den größten Kommunikationsprofis läuft nicht immer alles rund und schon gar nicht gleichzeitig. Jeder Mensch ist ein Unikat mit vielen Sprachfähigkeiten. Finden wir uns damit ab, dass niemand immer alles bewusst richtig macht. Es mag sein, dass es Naturtalente gibt, doch auch die werden mit einigen der hier zusammengetragenen Regieanweisungen arbeiten. Immer wieder habe ich Teilnehmende aus Workshops darum gebeten, für die nächste Übung mit Kamerafeedback einen fokussierenden »Befehl« während des Sprechens im Kopf zu behalten. Ihre Aufgabe bestand darin, diesen Appell beim Sprechen mitzudenken. Das ist ein sehr gutes Training, wenn Sie bereits erkannt haben, was für Ihren Redestil ein wertvolles Element ist.

Probieren Sie die folgenden Regie-Anweisungssätze aus und konzentrieren Sie sich nur auf einen Aspekt. Bei der Rhetorik ist es sehr schwer, Dinge gleichzeitig zu beachten. Bleiben Sie bei einem Auftrag und zwar die ganze Zeit. Je häufiger Sie das tun, desto mehr aktivieren sie Ihr Körpergedächtnis, sodass mit viel Übung und ohne größere Anstrengung alles automatisch abläuft.

Hier ein paar Vorschläge von Teilnehmenden aus meinen Rhetorikkursen, die mithilfe eines dieser Befehle ihren persönlichen Redestil professionalisieren konnten. Je nachdem, was Sie für rhetorische Besonderheiten bei sich entdeckt haben und welche Einschätzung Sie bezüglich Ihrer Ausstrahlung gewonnen haben, passt eine Regieanweisung aus der Liste vielleicht, um Ihren natürlichen Redestil zu unterstützen.

Falls nicht, gibt es noch etwas Platz für Ihr persönliches »Must-have«/Ihren persönlichen Schnellchecktipp, das/den Sie niemals beim Sprechen vergessen möchten.

Must-haves

- »Ich atme durch die Nase ein.«
  - → Effekt: Keine Chance für »Ähms«
- »Ich kann mir Zeit lassen.«
  - → Effekt: Keine Übersprunghandlung
- »Ich denke jetzt/Ich weiß jetzt.«
  - → Effekt: Stoppt den Gedankenzirkus
- »Ich überartikuliere beim Sprechen.«
  - → Effekt: Entschleunigung, deutliche Aussprache
- »Ich verdiene Pausen.«
  - → Effekt: besser Sprechdenken können
- »Toll, was ich gesagt habe.«
  - → Effekt: Füllwort »Genau« wegdenken
- »Meine Hände sind nie hinter dem Rücken.«
  - → Effekt: Ich wirke offen.
- Pausenlächeln nicht vergessen
  - → Effekt: Ich wirke insgesamt freundlich, auch wenn ich mich beim Sprechen konzentrieren muss und ernst gucke.

Deine eigenen Must-haves

....

....

....

....

....

....

....

....

....

....

....

....

....

So einfach und klar diese Regieanweisungen klingen, die uns daran erinnern, was wir während des Redens tun sollten, sind sie beim ersten Versuch oft gar nicht umsetzbar. Obwohl die Teilnehmer die Sätze sogar auf Karteikarten notiert und mehrfach vorgesprochen haben, wurde der persönliche Befehl beim Sprechakt von 70 Prozent der Teilnehmer wieder vergessen. Erst bei mehrfacher Übung war der Auftrag gespeichert, und es gab erstaunlich selbstbewusste Sprecher und Sprecherinnen. Sich selbst umzuschalten, braucht Zeit und vor allem Geduld. Es haben sich im Laufe des Lebens Verhaltensweisen eingeschlichen, die in unserem Körpergedächtnis verankert sind.

Ein Obersteward in meinem Kurs brauchte mehrere Wochen, um sich seine antrainierte »Bedienergestik« abzutrainieren. Er hatte die Angewohnheit, seinen Kopf beim Reden leicht schräg zu legen und hat das selbst gar nicht gemerkt. Diese Schräglage des Kopfes hatte er sich durch das Bedienen der Fluggäste mit Essen und Getränken angewöhnt. Sein Easy Trick, den er aus dem Kurs mitnehmen konnte, war die *B-B-B-Formel* (Breite Beine – Brosche zeigen – Blick auf Augenhöhe).

Suchen Sie sich die Easy Tricks heraus, die für kleine Verbesserungen sorgen und Ihren bisherigen Redestil souverän modellieren. Bitte nicht gleich alles gleichzeitig ausprobieren, denn das überfordert Ihre rhetorischen Fähigkeiten und wirkt antrainiert. Bleiben sie sich selbst treu und erfinden Sie sich auf keinen Fall neu. Wer meint, alles an sich ändern zu müssen, liegt falsch. Ich vergleiche Rhetorik gern mit sportlichen Aktivitäten. Wie beim Sport ist es notwendig, wieder und wieder die unterschiedlichsten Muskelpartien zu trainieren.

Präsentes Körpergefühl für einen natürlichen Redestil

Tägliche Tools und Übungen zur Vorbereitung aufs Sprechen

Übungen für eine entspannte Haltung

Lockerung im Sitzen: Hals/Nacken/Schultern

- ☑ Kopf nach vorn neigen, locker hängen lassen
- ☑ Langsam den Kopf nach rechts und links drehen
- ☑ Langsam mehrmals nicken
- ☑ Linkes/rechtes Ohr auf linke/rechte Schulter legen, ohne die Schulter dabei anzuheben: kurz innehalten, danach den Kopf wiederaufrichten
- ☑ Schultern heben und senken
- ☑ Schultern nach hinten kreisen

Körperaufrichtung für einen optimalen Stand

- ☑ Arme weit nach oben strecken, Spannung bis in die Fingerspitzen halten
- ☑ Nacheinander Finger, Handgelenke, Arme, Kopf fallen lassen
- ☑ Wirbelsäule in drei Etappen nach unten wie eine Marionette, deren Fäden nicht mehr gespannt sind, einknicken
- ☑ Mit hängendem Oberkörper eine Weile pendeln (Kopf hängt locker und Unterkiefer ist gelöst) –evtl. sogar bis in die Hocke abklappen

- ☑ Wirbel für Wirbel langsam wiederaufrichten
- ☑ Besonders auf Schultern und Kopf achten: bis zuletzt locker hängen lassen! Kopf zuletzt anheben und geradeaus schauen

Übungen für eine gleichmäßige Atmung und bewusstes Bauchatmen

Tiefenatmung in den Bauch trainieren

- ☑ Mit hüftbreitem Stand, gerade aufgerichteter Wirbelsäule und nach vorne ausgerichtetem Kopf positionieren (Grundhaltung)
- ☑ Hände locker auf Brust und Bauch legen.
- ☑ Mehrere Male ein- und ausatmen, so wie der Atem gerade fließt.
- ☑ Die Atmung auf einen 4: 12 Rhythmus umstellen und dazu bewusst beim Einatmen innerlich bis 4 zählen und zwar so:
- ☑ 1 = Bauch – mit Luft füllen
- ☑ 2 = Bauch – mit Luft füllen
- ☑ 3 = Brust – mit Luft füllen
- ☑ 4 = Schultern – mit Luft füllen
- ☑ nach dem Einatmen kurz die Luft anhalten
- ☑ dann auf 12 Takte die Luft wieder ausatmen, innerlich bis 12 zählen.
- ☑ Es muss nicht sofort klappen, Zeit lassen, bis sich der gewünschte Atemrhythmus problemlos einstellt und die Ausatmung deutlich länger als die Einatmung ist.

Steigerungsvarianten dieser Tiefenatmungsübung

- ☑ beim Ausatmen laut bis 12 zählen, immer lauter werden bei jeder Runde und nicht zwischenatmen!
- ☑ beim Ausatmen sprechen – statt bis 12 zu zählen – folgenden Text laut aussprechen in einem Ausatemfluss:
- ☑ »Wenn ich wohl wüsst, wer heut der Herr gewesen ist.« Der Satz aus Goethes *Faust* ist ein guter Übungssatz; da er

183

zwölf Takte hat, lässt sich damit die Ausatmung auf 12 trainieren. Auf 4 Takte einatmen und dann diesen Satz ohne Zwischenatmung in einem Ausatemzug sprechen. Immer lauter werden mit dem Satz!

Vorbeuge mit Atmung
☑ einen guten Stand suchen
☑ einatmen und dabei die Arme nach oben strecken und in Verlängerung der Schultern über den Kopf führen
☑ beim Ausatmen: Oberkörper in Leisten abknicken und waagerecht nach vorne strecken, Fingerspitzen ziehen nach vorne
☑ dann beim Einatmen: Oberkörper wird aufgerichtet und die gestreckten Arme über die Seite nach unten führen und dann entspannt loslassen (ausatmen)

Durch diese Übungen trainieren Sie, den Körper »fahrstuhlmäßig« von unten bis oben mit Luft zu füllen und darauf zu achten, wirklich in den Bauch zu atmen.

Übungen zur Vorbereitung der Stimme auf sprecherische Aufgaben

☑ *Fröschels Kaumethode:* Kau- und Sprechmuskulatur sind identisch. Fröschels beschrieb erstmals, wie eine Lockerung verspannter Sprechmuskeln durch intensives Kauen möglich ist. Dazu müssen Sie nichts weiter tun, als mit geschlossenen Lippen (ohne Ton) zu kauen. Dabei können Sie alle Bewegungsmöglichkeiten der Kauorgane nutzen.
☑ Führen Sie diese Kaubewegung erneut aus und sprechen Sie diesmal dabei die Silben: mijomm, bijom, kijom. Wichtig ist es dabei, dass Ihre Kaubewegung beim Sprechen nicht geringer wird.
☑ Variieren Sie und sprechen Sie nun bei gleicher Durchführung der Kaubewegung folgende Wörter: Mund, Mond, Mann, Mehl, Mist.

☑ *Gähnen:* Gähnen ist die ideale Lockerung für die Kehlkopf-muskulatur und weitet den Mundraum. Der Kehlkopf senkt sich beim Gähnen ab und die Kehlkopfmuskulatur wird vor allem innen gedehnt.

☑ *Kiefergelenk auslockern:* Schütteln Sie den Unterkiefer hin und her (nicht seitlich!). Lassen Sie anschließend den Unterkiefer nach unten fallen. Nun sprechen Sie ohne jede Anspannung die Silben fä, fä, fä und öffnen dabei den Mund möglichst weit, jedoch ohne ihn aufzuspreizen. Stellen Sie sich vor, am Unterkiefer hängt ein Gewicht, das den Kiefer ganz von selbst nach unten zieht. Diese Kiefer-bewegung können Sie gern im Alltag häufiger machen, es entspannt das Kiefergelenk.

☑ *Lippenflattern:* Eine gute Vorbereitung aufs Sprechen, um Spannungen aus den Lippen zu bekommen. Stellen Sie sich vor, Sie sind ein Kind, das Auto spielt und dabei das Moto-rengeräusch imitiert. Achten Sie darauf, möglichst wenig Spannung in die Lippen zu legen, desto eher gelingt das Flattern. Sie lockern die Lippen, indem Sie diese durch den Luftdruck zum Flattern bringen. Bitte ganz ohne Span-nung und Druck die Lippen stülpen.

☑ *Pleueln:* Öffnen Sie leicht den Mund und drücken Sie dabei die Zungenspitze hinter die unteren Schneidezähne. Pro-bieren Sie nun den Zungenmittelteil nach oben und nach vorn zu schieben, ohne den Kontakt der Zungenspitze hinter den unteren Schneidezähnen zu verlieren. Wie-derholen Sie diese Bewegung ein paar Mal. Während der Bewegung des Zungenmittelteils hebt und senkt sich der Kehlkopf automatisch, was die Lockerung der äußeren Kehlkopfmuskulatur zur Folge hat. Wiederholen Sie diese Bewegung drei- bis viermal.

☑ *Kerze auspusten:* Stellen Sie sich vor, Sie pusten schnell und kräftig eine Kerze aus. Bei jedem Ausatemstoß zieht sich die Bauchdecke schnell nach innen.

☑ *Holzfäller:* Strecken Sie beide Arme lang vor dem Körper aus, so als wären die Arme eine Axt, die gleich zum Schlag auf einen Holzpflock ausholt. Sie bewegen die Arme mit voller Kraft über den Kopf und zwar soweit Sie nach hinten kommen. Die Hände fassen sich dabei an. Sie stehen breitbeinig im Raum und lassen nun die gestreckten Holzfällerarme über den Kopf nach unten auf den imaginären Holzpflock fallen. Dabei stoßen Sie genüsslich ein »Ha« aus. Bei dieser Übung ist es wichtig, mit Spannung und Entspannung zu arbeiten. Nach dem Ausstoßen des »Ha« entspannen alle Muskeln, und erst dann strecken die Arme erneut nach oben und fällen ein zweites Mal. Sie können beliebig oft Holzhacken. Diese Übung vertreibt vorab Stress und ist gut für die Stimme.

Easy Tricks

Wofür können Sie die Easy Tricks nutzen?

- … damit die optische Ausstrahlung beim Reden stimmt (Kap.1)
- … damit die Stimme stimmt (Kap. 2)
- … damit die Wortwahl prägnant und abwechslungsreich begeistert (Kap. 3)
- … damit negative Vorannahmen verschwinden (Kap. 4)
- … damit wir uns situationssicher beim Sprechen verhalten (Kap. 5)
- … damit uns Inhalte und alles, was uns beim Sprechen wichtig ist, besser einfallen (Kap. 6)
- … damit wir mit körperlichem Stress besser klarkommen (Kap. 7)
- … damit uns alle gern zuhören (Kap. 8)
- … damit uns nichts Unerwartetes umhaut (Kap. 9)
- … damit wir klar und mit persönlichem Redestil einfach sprechen (Kap. 10)

Anhang

Danksagung

Ich bedanke mich bei ...

all den Menschen, die mir in den vergangenen 13 Jahren in Seminaren oder Coachings ihre Schwachstellen beim Reden anvertraut haben und für die ich die Easy Tricks nun endlich aufgeschrieben habe;

Verena Minoggio-Weixlbaumer und dem Goldegg Verlag sowie der Lektorin Annerose Sieck für die hervorragende Zusammenarbeit, den Spaß bei der Arbeit und die Begeisterung für meine Inhalte;

meiner Familie für die Unterstützung und die vielen schönen Momente, die mir wieder gezeigt haben, was für wichtige Menschen Ihr in meinem Leben seid;

Menschen, die mich motiviert haben, auch nach einem langen Seminartag noch an meinem Buch weiterzuschreiben;

Tabea Marten für ihren wertschätzenden Blick und die offenen Arme, in denen alles wieder ganz leicht und locker wird und neue Ideen wachsen;

Volker Schnier für die kreative Inspiration und Erkenntnis, dass mit Musik auch beim Schreiben viele gute Töne entstehen und eine Komposition in seinen Einzelteilen anmutig und liebenswert ist;

Peggy Geisler für die stundenlangen Spaziergänge und Gespräche, die mich zwischen Seminartätigkeit und Schreiben wie eine Batterie aufgeladen haben;

Rüdiger Claußen für die fantastische Idee, noch ein zweites Buch zu schreiben und für die Titelidee zu den »Easy Tricks«. Eins der ersten Buchexemplare geht an dich, versprochen!

Literaturverzeichnis

ADERHOLD, EGON, WOLF, EDITH: Sprecherzieherisches Übungsbuch, Henschel Verlag, Berlin 1994.

ALLHOFF,D.-W.;ALLHOFF,W.: Rhetorik & Kommunikation. Bayrischer Verlag für Sprechwissenschaft, Regensburg 1994.

ANTON, KLAUS: Praxis der Gruppendynamik, Hogrefe-Verlag 2011.

BALSER-EBERLE, VERA: Sprechtechnisches Übungsbuch. G & G Verlagsgesellschaft mbH, Wien 2013.

BARSCH, ELMAR: Grundwissen Kommunikation. Ernst Klett Verlag, Stuttgart 1999.

BIRKENBIHL, VERA F.: Rhetorik – Redetraining für jeden Anlass. Ariston Verlag in der Verlagsgruppe Random House GmbH, 2002/2010.

BIRKENBIHL, VERA F.: Stroh im Kopf, mvg Verlag, Redline GmbH, Frankfurt am Main,2005.

BRANDL, PETER: Verhandeln. Gabal Verlag GmbH, Offenbach 2012.

BÜHLER, K.: Sprachtheorie. Jena 1934.

CLARK, CHARLES HUTCHISON: Brainstorming – How to create successful ideas, Wilshire Book Company, 1989.

COBLENZER/ MUHAR: Atem und Stimme – Anleitung zum guten Sprechen. Österreichischer Bundesverlag für Unterricht, Wissenschaft und Kunst, Wien 1976.

FISHER, R./ URY, W./ PATTON, B.: Das Harvard-Konzept. Frankfurt/Main, New York 1990.

FISHER, R./ ERTEL, D.: Arbeitsbuch Verhandeln. Frankfurt/ Main 1997.

FLUME, PETER; MENTZEL, WOLFGANG: Rhetorik. Haufe TB 2012.

GEIßNER, HELLMUT: Sprecherziehung – Didaktik und Methodik der mündlichen Kommunikation, Scriptor Verlag, Frankfurt am Main 1986.

GEIßNER, HELLMUT – LEUCK, HANS GEORG – SCHWANDT BERND – SLEMBEK EDITH: Gesprächsführung Führungsgespräche, Röhrig Universitätsverlag, St. Ingbert 1998.

GEIßNER, HELLMUT: Kommunikationspädagogik. Transformationen der Sprech-Erziehung. In der Reihe: Sprechen und Verstehen. Schriften zur Kommunikationstheorie und Kommunikationspädagogik, Röhrig Universitätsverlag, St. Ingbert 2000.

GEIßNER; HELLMUT; WACHTEL, STEFAN: Schreiben für Hören. In: Muttersprache 3, 2003.

GUTENBERG, NORBERT: Lesen und Reden. Ein neu zu entdeckendes altes Thema der rhetorischen und der ästhetischen Kommunikation. Didaktische Grundlagen und einige Lehrmaterialien. In: Köhler, Kerstin/Skorupinski, Cäcilie (Hg.): Wissenschaft macht Schule, St. Ingbert, 2004.

HEILMANN, CHRISTA: Frauensprechen – Männersprechen, Geschlechtsspezifisches Sprechverhalten, Reinhardt Verlag, München 1995.

HEILMANN, CHRISTA: Körpersprache richtig verstehen und einsetzen, Reinhardt Verlag, München 2009.

KARSTEN, DR. GUNTHER: Erfolgs – Gedächtnis, Wilhelm Goldmann Verlag, München 2012.

KNATHS; MARION: Spiele mit der Macht, Hoffmann und Campe, Hamburg 2007.

KÖHLER, KERSTIN, SKORUPINSKI, CÄCILIE: Wissenschaft macht Schule, Röhrig Verlag, Reihen-Titel: Sprechen und Verstehen Reihen-Hrsg.: Geißner, Hellmut, St. Ingbert 2004.

LANG, DR. ANTONI und SAATWEBER, MARGARETE: Stimme und Atmung, Schulz-Kirchner Verlag, Idstein 2020.

LÖHKEN, SYLVIA: Leise Menschen – starke Wirkung. Gabal Verlag GmbH, Offenbach 2012.

MEHRABIAN, ALBERT: Silent Messages: Implicit Communication of Emotions and Attitudes, Wadsworth Publishing Co Inc; Subsequent Edition, 1980.

MIETHE, ERHARD, HERRMANN-RÖTTGEN, MARION: Wenn die Stimme nicht stimmt ..., Thieme Verlag, Reihe Trias, Stuttgart 1993.

NAVARRO, JOE: Menschen lesen. mvg-verlag, München 2010.

PABST- WEINSCHENK, MARIA: Grundlagen der Sprechwissenschaft und Sprecherziehung, Reinhardt Verlag, München 2004.

PLATON: Das Höhlengleichnis. Sämtliche Mythen und Gleichnisse, Insel Verlag, Frankfurt am Main und Leipzig 1997.

SCHMITT, TOM/ ESSER, MICHAEL: Status Spiele. Fischer TB Verlag, Frankfurt am Main 2014.

SCHÜRMANN, UWE: Mit Sprechen bewegen. Ernst Reinhardt Verlag, München 2010.

SCHULZ VON THUN, F: Miteinander Reden 1: Störungen und Klärungen: Allgemeine Psychologie der Kommunikation. Rowohlt Taschenbuch Verlag, Reinbek bei Hamburg 2010.

SCHULZ VON THUN, F: Miteinander Reden 2: Stile, Werte und Persönlichkeitsentwicklung: Differentielle Psychologie der Kommunikation. Rowohlt Taschenbuch Verlag, Reinbek bei Hamburg 2010.

SCHULZ VON THUN, F: Miteinander Reden 3: Das »Innere Team« und situationsgerechte Kommunikation. Rowohlt Taschenbuch Verlag, Reinbek bei Hamburg 2010.

SCHULZ VON THUN, F: Miteinander Reden 4: Fragen und Antworten. Rowohlt Taschenbuch Verlag, Reinbek bei Hamburg 2007.

STEIGERWALD, FRIEDBERG: Psychologie, Soziologie und Pädagogik: WEISSE REIHE BAND 11: eine kurzgefasste, prüfungsrelevante Darstellung unter Berücksichtigung des Lernzielkataloges für die Krankenpflege, Verlag Haus und Gross bei Urban & Fischer, München, 2001.

STENGEL, INGEBORG: Stimme und Person: personale Stimmentwicklung, personale Stimmtherapie, Klett-Cotta, Stuttgart 1997.

STENGER, CHRISTIANE: Warum fällt das Schaf vom Baum?, Wilhelm Heyne Verlag, München 2006.

TEIGELER, PETER: Verständlichkeit von Sprache und Text. Stuttgart, 1968.

WAGNER, ROLAND: Grundlagen der mündlichen Kommunikation. Bayrischer Verlag für Sprechwissenschaft, Regensburg 2004.

WATZLAWICK, PAUL: Wie wirklich ist die Wirklichkeit?, R. Piper & Co Verlag, München 1994.

WATZLAWICK P./ BEAVIN J:H:/ JACKSON D: Menschliche Kommunikation. Verlag Hans Huber Berlin, Stuttgart, Wien 1972.